·21 世纪大学计算机基础教学“1+X”改革系列教材·

“十 一 五”规 划 教 材

C 语言程序设计导学

（第二版）

杜友福 主编

科 学 出 版 社

北 京

内 容 简 介

本书为《C语言程序设计导学》的第二版，为C语言程序设计课程的学习指导和实验教材，既可与《C语言程序设计（第二版）》配套使用，也可独立使用。本书分为学习指导和实验指导两部分，学习指导部分分为13章，每章包括学习要求、内容要点、典型例题分析等3个方面的内容；实验指导部分根据C语言的教学需要，设计了10个实验。学习者通过学习与训练，能够进一步掌握C语言的基本概念、C程序设计的基本方法，并通过上机实验强化程序设计与调试的基本功，理解和掌握C语言的基本知识，达到学好和用好C语言的目的。

本书特别适合于本、专科非计算机专业的初学者，也可供计算机等级考试者和其他各类学习者使用和参考。

图书在版编目（CIP）数据

C语言程序设计导学/杜友福主编. –2版. –北京：科学出版社，2007
（21世纪大学计算机基础教学"1+X"改革系列教材）
ISBN 978-7-03-019439-8

Ⅰ.C… Ⅱ.杜… Ⅲ.C语言–程序设计–高等学校–教材 Ⅳ.TP312

中国版本图书馆CIP数据核字（2007）第111449号

责任编辑：王雨舸 / 责任校对：董 丽
责任印制：董艳辉 / 封面设计：苏 波

科学出版社 出版
北京东黄城根北街16号
邮政编码：100717
http://www.sciencep.com
武汉市新华印刷有限责任公司印刷
科学出版社发行 各地新华书店经销

*

2007年8月第 二 版 开本：787×1092 1/16
2008年6月第五次印刷 印张：12 1/2
印数：23 001—30 000 字数：308 000

定价：19.00元

（如有印装质量问题，我社负责调换）

前　言

C语言以其独特的功能，受到了广大学生和使用者的喜爱。但又由于C语言的语法复杂性和语言灵活性，使得许多初学者学习起来感到有一定的难度，甚至于在整个C语言学完后，还不知其所以然。初学者对需要掌握哪些知识点，哪些是重点，哪些是难点，为什么会出现这些错误，如何解决这些错误，可能都很茫然。基于此，作者结合多年的教学经验编写了《C语言程序设计导学》，本书为第二版，旨在帮助学习者能够学好和用好C语言。

本书分为学习指导和实验指导两部分。学习指导部分与主教材对应，分为13章，每章包括3个方面的内容。一是学习要求，给出了需要掌握、了解的内容及基本要求，使学习者有一个明确的方向。二是内容要点，对每一章的知识点进行了归纳和总结，明确了重点，指出了难点，对典型错误的表现、出错的原因进行了分析与解释，使学习者能够做到心中有数，以利于更有效地进行学习。三是典型例题分析，对每一道例题指出了要求掌握和了解的知识点：选择题不仅给出了答案，还分析了各种选项对在什么地方、错在何处；填空题在进行比较详尽分析的基础上给出了答案；编程题既给出了程序代码，也对题目所涉及的算法或原理进行了分析，能够使学习者从中体会C语言的基本概念、基本知识、基本方法及程序分析与设计的技巧。实验指导部分根据C语言的教学需要，设计了10个实验，每个实验都给出了实验的目的要求、需要预习的内容和具体上机操作的内容，上机操作题目有程序验证题、程序填空题、程序改错题和程序设计题等4种。我们希望学习者通过学习与训练，能够进一步掌握C语言的基本概念、C程序设计的基本方法，并通过上机实验强化程序设计与调试的基本功，理解和掌握C语言的基本知识，达到学好和用好C语言的目的。

本书由杜友福教授任主编，李新玉副教授和胡必鑫副教授任副主编。第1、2章及实验一由张庆岚副教授编写，第3、4、5章及实验三、四由李新玉副教授编写，第6、7、8、9章及实验五由杜友福教授编写，第10章及实验九由胡必鑫副教授编写，第11、12章及实验六由彭元珍副教授编写，第13章及实验二和附录由何黎霞讲师编写，实验七、八由周贤善副教授和许新民副教授编写，实验十由付兵副教授编写。全书由杜友福教授负责统稿。

由于作者水平有限，书中不足之处在所难免，敬请各位读者和专家提出宝贵意见，以帮助作者不断的改进和完善。

杜友福

2007年5月

目　录

学习指导

实验指导

学习指导

第 1 章　C 语言程序设计概述

1.1　学 习 要 求

掌握程序及程序设计的基本概念、程序的运行过程、算法及其特点、算法的描述、C 语言程序的基本结构。

熟悉设计程序时应遵循的基本原则。

了解利用计算机解决实际问题的过程、结构化程序设计方法，并在以后的程序设计中应用和逐步熟练掌握。

基本要求　能将日常生活中解决一些简单问题的步骤用算法描述，掌握 N-S 图的算法表示方法，熟悉程序开发环境，学会上机基本操作。

1.2　内 容 要 点

【知识点】

1. 程序和程序设计

程序是控制计算机运行的指令序列。程序设计就是设计、书写及检查程序的过程。

程序设计语言是软件系统的重要组成部分，各种程序设计语言有自己的语法、词汇，一般可分为机器语言、汇编语言和高级语言三类。

高级语言程序通常要经过编辑、编译、装配链接后方能在计算机上运行。少数语言以解释方式执行。

2. 用计算机解决实际问题的基本过程

一般由分析问题、建立数学模型、选择合适算法、编写程序、调试、运行程序直至得到正确的结果等几个阶段所组成。其设计步骤可以分为：

(1) 确定要解决的问题。主要目的是搞清楚“做什么”。

(2) 算法设计与数据结构设计。主要任务是解决“如何做”，涉及两个方面的内容：一是数据结构设计(解决数据的表示与存储)，另一个是算法设计(描述操作步骤)。

(3) 编写程序和调试程序。

(4) 整理资料，交付使用。

3. 算法

计算机算法是为计算机解题设计的有明确意义的运算步骤的有限集合。算法具有有穷性、确定性、有效性、有输入/输出等特点。

表示一个算法，可以用不同的方法。常用的有自然语言、传统流程图、结构化流程图(N-S 图)、伪代码、PAD 图等。

4. 结构化程序设计的基本原则

结构化程序设计方法要求在设计程序时只能使用顺序、选择、循环 3 种基本结构。这 3 种基本结构有以下共同特点：

(1) 只有一个入口；

(2) 只有一个出口；

(3) 结构内的每一部分都有机会被执行到；

(4) 结构内不存在“死循环”(无终止的循环)。

结构化程序设计强调程序设计风格和程序结构的规范化，提倡清晰的结构。结构化程序设计方法的基本思路是，把一个复杂问题的求解过程分阶段进行，每个阶段处理的问题都控制在人们容易理解和处理的范围内。

具体地，应采取以下方法保证得到结构化的程序：

(1) 自顶向下；

(2) 逐步细化；

(3) 模块化设计；

(4) 结构化编码。

5. C 语言程序的基本结构

函数是 C 程序的基本单位。被调用的函数可以是系统提供的库函数，也可以是用户根据需要自己编制的函数。

一个函数由函数的首部和函数体两个部分组成。函数的首部描述该函数的外观(即该函数的名字，该函数需要外部提供哪些信息，执行完毕后能为外部提供哪些信息等)，函数体则定义该函数的内涵(即该函数将对什么数据执行何种操作)。

一个 C 源程序至少包含一个函数(main 函数)。一个 C 程序总是从 main 函数开始执行并在该函数结束。在程序中 main 函数可以放在程序的任意位置。

C 程序书写格式自由，一行内可以写多个语句，一个语句也可以写在多行上。

分号不是语句间的分隔符，而是 C 语句的必要组成部分。

C 程序的输入和输出操作由函数(通常是库函数)来完成。

为增加程序的可读性，源程序中应当加上必要的注释。C 程序中用/* …… */对程序的任何部分作注释。注释对程序的执行没有任何影响。

【重点】

(1) 算法的特点及简单算法的设计。

(2) C 程序的基本结构。

【难点】

算法设计及其表示是本章的难点。算法在程序设计中占有极其重要的地位，是程序设计的灵魂。算法设计是程序设计中必不可少的步骤，结构化程序设计方法在其中起着至关重要的作用，用结构化程序设计方法设计算法可使编写的程序结构清晰、易于调试和修改。

流程图是算法的图形表示，可以清晰地反映控制结构的运作过程，对于制定和说明算法是非常有用的。

伪代码是算法的另一种常用的表示形式。伪代码不在计算机上实际执行，仅用于程序员使用C等程序设计语言编写程序之前帮助其构思，而且与自然语言相似，非常方便和友好。

【典型错误分析】

1. 注释使用错误

正确的注释形式是：/* 注释内容 */

初学者容易犯以下错误：如忘记了注释的结束符*/,或者注释用*/开头，或用/*结束，或者在注释符号中插入了空格，即写成/ *……* /的形式。

C语言编译程序对于注释部分(起始符/*与结束符*/之间)是不进行任何处理的，也就是说，编译时，一旦遇到/*符号就对其后的任何符号不予处理，直到遇到*/符号为止。而对于其他部分则作为C的语句进行处理。因此注释符号使用错误会导致编译程序对程序的错误翻译，从而出现语法错误。

2. 分号使用错误

分号是C语句的一部分，掉分号或多分号都会导致编译程序对C语句无法正确理解。

3. 算法设计中的逻辑错误

这类错误编译程序往往不能发现或报错，但程序的结果可能是不正确的。对初学者来说，最常见的这类错误包括：忘记对计数器、总数等变量进行初始化；选用的用于控制输入循环结束的标记值也是一个合法的输入数据值；一个作为除数的变量的值为0等。

排除源程序中的错误(包括语法错误和逻辑错误)是进行程序设计所必须具备的能力，是对所学知识的综合检验过程，需要清醒的头脑、严谨细致的工作作风、扎实的基础知识以及逻辑分析能力。对于初学者，调试程序时应注意以下两点：

(1) C 编译程序尽管能够指出大多数程序的语法错误，但不可能完全准确地指出错误发生的源程序行，有时应当综合观察上下文，参考出错信息进行综合分析判断，不要死抠所报的出错行号。

(2) 程序中一处发生的错误会产生若干连带的错误信息，即若干条错误信息可能只有第一条是真正的错误。改掉这一错误，所有其他出错信息将随之消失。因此查错纠错应从最前面的出错点开始，纠正某个错误后，若不能发现其他错误，则应再次编译源程序，按照新的提示信息查找错误。

1.3 典型例题分析

〖**选择题**〗

例 1.1 一个C程序的执行是(　　)。

A. 从main( )函数开始，直到main( )函数结束

B. 从第一个函数开始，直到最后一个函数结束

C. 从第一个语句开始，直到最后一个语句结束

D. 从 main( )函数开始，直到最后一个函数结束

解 本题的关键是掌握 C 程序的执行过程。

C 程序中必须要有一个而且也只能有一个 main( )函数，不论 main( )函数处于程序中何处，C 程序执行时总是从 main( )函数开始。C 程序的执行与函数位置无关。故选项 B 是不正确的。

C 程序中除了顺序结构的语句执行与排列顺序一致外，选择结构和循环结构都会改变语句的执行顺序。因而选项 C 是不正确的。

如果程序中有多个函数，其他函数要通过调用才能执行。而且被调用函数在执行完毕后，必须返回到调用处。故选项 D 也不正确。

因此，正确答案为选项 A。

例 1.2 以下叙述中正确的是(　　)。

A. C 程序由主函数组成　　B. C 程序由函数组成

C. C 程序由函数和过程组成　　D. C 程序中的注释由/ *开头，由* /结束

解 本题的关键是掌握 C 程序的构成。

在初学阶段，由于程序较小，可能只需 main( )函数即可，但解决规模较大的实际问题的最好办法是把程序分成较小的模块，每一模块完成一个独立的功能，这样便于管理和调试。C 语言的程序模块就是函数，因此读者应该明确且牢记：C 程序是由函数组成的。每个 C 语言的源程序可以包含多个函数，但只能有一个也必须有一个主函数。因此，选项 A 是片面的。

在 C 程序中不存在“过程”这一程序结构，故选项 C 也是错误的。

程序设计中要求对源程序有详尽的注释，以便于阅读和软件的维护。C 程序中的注释行，由/*开头，由*/结束，“/”和“*”必须紧接着，在这两个字符之间不得插入空格。在选项 D 中“/”和“*”之间都插有空格，很多初学者常犯这样的错误。

因此，正确答案为选项 B。

例 1.3 C 编译程序是(　　)。

A. C 程序的机器语言版本

B. 一组机器语言指令

C. 将 C 源程序翻译成目标程序的程序

D. 由制造厂家提供的一套应用软件

解 本题的关键是掌握编译程序的作用。

C 语言编写的源程序要执行，必须经过以下步骤：用编辑程序将源程序输入并存放在计算机的存储设备中，然后通过 C 编译程序将源程序翻译成计算机能识别的目标程序，最后通过连接装配程序将目标指令模块组合成完整的可执行程序才能在计算机上运行。C 编译程序是系统软件的一部分，并非应用软件。C 程序的机器语言版本称为目标程序。因此选项 A、D 均不正确。虽说能够运行的程序都是一组机器语言指令，但选项 B 是笼统的，不准确的。

因此，正确答案为选项 C。

例 1.4 C 函数由(　　)构成。

A. 函数首部和函数体　　B. 执行语句和非执行语句

C. 自变量和因变量　　D. 定义域和值域

解 本题的关键是掌握 C 函数的组成。

从数学角度来说，一个函数有自变量和因变量，也有其定义域和值域，但从 C 程序设计语言的角度来说，我们按其分为函数首部和函数体两个部分，函数的首部描述该函数的外观

(即该函数的名字，该函数需要外部提供哪些信息，执行完毕后能为外部提供哪些信息等)，函数体则定义该函数的内涵(即该函数将对什么数据执行何种操作)。各种语句用来在函数体中定义各种数据及对这些数据的操作。

因此，正确答案为选项 A。

〖填空题〗

例 1.5 C 语言源程序文件的后缀是________，经过编译后生成文件的后缀是________，经过连接后生成文件的后缀是________。

解 文件的后缀即文件的扩展名，主要用来表示该文件的类型。一般情况下，C 语言源程序文件的扩展名为“C”；C 语言源程序经过编译生成目标程序，其扩展名为“OBJ”；目标程序必须经过连接生成可执行程序才能运行，其扩展名为“EXE”。

答案 C，OBJ，EXE。

例 1.6 在事先不知道需要连续输入多少个数据的情况下，可用一个________值控制输入循环的终止。

解 这是一道关于算法设计方面的题。算法设计中，经常会在某种条件下重复执行某些操作，这种情况称为循环。例如，要连续输入多个数据，就可以用循环来实现，循环次数有时是固定数，有时是通过条件来控制的。就本题来说，由于不知道需要连续输入多少个数据，此时通常采用的办法是设置一个标记值(flag)来控制循环结束，当输入值为标记值时表示所有数据已输入完毕。显然该标记值应该小心选择，其值不应该在合法输入数据的范围内。类似的问题在循环中经常会遇到。

答案 标记。

例 1.7 ________是算法的图形表示。

解 解决问题的步骤称为算法。算法有多种表示方法，其中流程图是图形表示的算法，它可以清晰地反映控制结构的操作过程。

答案 “流程图”。

例 1.8 结构化程序设计方法使用的 3 种基本结构是________、________和________。

解 这是一道基本概念题。结构化程序设计方法要求程序中只使用顺序、选择、循环 3 种基本结构。这 3 种基本结构构成的算法不存在无规律的转向，属于结构化的算法，而且已经证明，由以上 3 种基本结构构成的算法可以解决任何复杂的问题。

答案 顺序，选择，循环。

〖阅读题〗

例 1.9 下述算法用于求 1*2*3*4*5。设两个变量，一个变量 p 代表被乘数(同时用于存放每一步骤的当前所得乘积)，一个变量 i 代表乘数。算法如下：

S1：使 p=1

S2：使 i=1

S3：使 p*i，乘积仍放在变量 p 中，可表示为 p*i→p

S4：使 i 的值加 1，即 i+l→i

S5：如果 i 不大于 5，返回重新执行步骤 S3 以及其后的步骤 S4 和 S5，否则，算法结束。最后得到 p 的值就是 5! 的值如何改动使其成为求 1*3*5*7*9*11。如果要求 1+2+…+100，应如何修改?

解 我们首先分析上述算法中每一步的作用。步骤 S1、S2 是对变量赋初值，即设置初始乘积为 1，第一个乘数为 1；S3 是进行乘法运算，并将结果存放到当前所得乘积 p 中；S4 通过改变 i 的值得到下一个乘数；S5 判断是否所有的运算已执行完毕。

求 1*3*5*7*9*11 与求 1*2*3*4*5 的差别主要在于，下一个乘数比前一个乘数多 2，且最后一个乘数是 11。通过以上分析可知，只需做如下很少的改动即可：

S1：1→p

S2：1→i

S3：p*i→p

S4：i+2→i

S5：若 i≤11，返回 S3，否则，结束

可以看出，用这种方法表示的算法具有通用性、灵活性。S3 到 S5 组成一个循环，在实现算法时，要反复多次执行 S3、S4、S5 等步骤，直到某一时刻，执行 S5 步骤时经过判断，乘数 i 已超过规定的数值而不返回 S3 步骤为止。此时算法结束，变量 p 的值就是所求结果。

如果对这个算法适当修改实现求累加和，只需改动以下几点：

(1) 使 p 的初值为 0(为什么？请读者考虑)。

(2) S3 中乘法运算改为加法运算。

(3) S5 中改为与 100 比较。

由于计算机是高速进行运算的自动机器，可以高速地、不厌其烦地进行重复性操作。计算机中多次重复执行同类操作称为循环(或迭代)。所有计算机高级语言中都有实现循环的语句。因此，上述算法不仅是正确的，而且是计算机能实现的较好的算法。

〖算法设计题〗

例 1.10 开发一个程序求全班学生某门课程的平均成绩。要求程序每次运行时班级人数可为任意。

解 我们用结构化程序设计方法(“自顶向下、逐步求精”的方法)来解决这个问题，并用伪代码来表示求精过程中得到的算法。为使初学者比较容易读懂，我们用中文作为伪代码。首先，顶层描述程序的整个功能，然后将其分解为一系列较小的任务，并按照执行顺序列出这些任务。每一步的求精都是一个完整的算法说明，只是每层的细节在变化。重复上述求精过程直到表示每一任务的伪代码能够转化为程序设计语言(如 C)指令或程序段为止。

对于上述问题，顶层可用一句伪代码表示：

求未知人数班级的平均成绩

首先我们考虑需要使用的数据量(变量)。显然，本例中我们需要使用的数据量有：总成绩(记为 total)、成绩个数计数器(记为 counter)、每次输入的成绩(记为 score)、全班平均成绩(记为 average)。对数据进行分析后，我们再来考虑程序应该如何完成上述功能。许多程序可从逻辑上分为 3 个阶段：① 初始化阶段(对程序变量初始化)；② 处理阶段(输入数据值并对程序中的变量作相应调整)；③ 终止阶段(计算和打印最终结果)。本程序也不例外，因此我们可以将顶层分解为以下 3 个小任务：

初始化变量；

输入、求和及对输入的成绩计数；

```
计算并打印班级平均成绩;
```

对初始化阶段，由于每次输入的成绩值 score 和平均成绩 average 会被后面的读入过程覆盖，故不需要初始化。我们做如下求精：

```
初始化总成绩 total 为 0;
初始化计数器 counter 为 0;
```

由于本例中成绩个数是不定的，我们使用一个专门的值来指示数据输入的结束，这个值称为“标记值”。显然标记值必须小心选择，使它有别于准备接收的成绩值。因为考试成绩通常是非负的，我们可以选择-1 作为标记值。因此我们可以让程序重复读入成绩值，当遇到标记值时结束读入。每读入一个成绩值，就将其加到总成绩 total 中，计数器加 1。因此第 2 步可求精如下：

```
读入第一个成绩放到 score 中;
当 score 不等于标记值时,重复以下工作:
{
   将 score 加到 total 中;
   计数器值 counter 加 1;
   读入下一个数据放到 score 中;
}
```

显然，只有读入有效的成绩值后，才能求出平均值。因此第 3 步可求精如下：

```
如果计数器值 counter 非零,那么执行以下工作:
{
   将 total 除以 counter 的结果放到 average 中;
   打印 average;
}
否则执行
   打印信息"没有输入成绩"
```

经过上述求精后，所有分解的任务已可以用 C 语言描述出来。如此实现的程序结构清晰、简单明了。本例的 C 语言程序如下：

```
/* 用标记值控制循环求全班平均成绩 */
#include <stdio.h>
main( )
{
  float average,total;
  int counter,score;
  /* 初始化 */
  total=0.0;
  counter=0;
  /* 处理阶段 */
  printf("输入成绩，-1 表示输入结束");                /* 屏幕提示 */
  scanf("%d",&score);
  while(score!=-1)
```

```
{
    total=total+score;
    counter++;
    printf("输入下一个成绩，-1 表示输入结束");          /* 屏幕提示 */
    scanf("%d",&score);
}
/* 终止阶段 */
if(counter!=0)
{
    average=total/counter;
    printf("全班平均成绩为%.2f\n",average);
}
else
    printf("没有输入成绩\n");
return 0;                                          /* 表明程序成功结束 */
}
```

第 2 章　数据类型、运算符与表达式

2.1　学 习 要 求

掌握数据及数据类型、算术运算符、赋值运算符、逗号运算符、自增(减)运算符以及由上述运算符组成的表达式的基本概念。

熟悉运算规则(运算符的优先级和结合性)、表达式计算中的类型转换规则。

了解各种类型的数据在计算机中的存储形式。

基本要求　能正确地将数学公式用表达式表示，能分析各种表达式的运算结果。

2.2　内 容 要 点

【知识点】

1. C 语言的数据类型

能够输入到计算机并由计算机进行处理的对象称为数据。每一数据具有各自的数据类型。数据类型决定数据在内存中的存储长度和存储格式。

C 语言的基本数据类型包括整型(基本整型、短整型、长整型、无符号基本整型、无符号短整型、无符号长整型)、实型(单精度实型、双精度实型)和字符型。

2. 常量、变量与标识符

根据数据的值在程序运行过程中是否发生变化，可分为常量和变量。无论常量还是变量，都必须指定其数据类型。

C 语言中有三类标识符：关键字、预定义标识符、用户标识符。

用户标识符一般用来给变量、函数、文件等命名。用户标识符的取名和使用应按规则进行，还应注意做到“见名知义”，以增加程序的可读性。习惯上用大写字母来标识符号常量，用小写字母来标识变量或函数。

C 语言中的常量可以是字面形式，也可以用一个标识符来代表(称为符号常量)。符号常量必须先定义，后使用，其值在其作用域内不能改变，也不能被赋值。

字符常量是用一对单引号括起来的单个字符。C 语言提供了“转义字符”。字符串常量是用一对双引号括起来的由任意多个字符组成的字符序列。每一个字符串的结尾用字符'\0'作为字符串的结束标志。空串是由两个连续的双引号组成、中间一个字符也没有的字符串。空串和由空格字符组成的字符串"　"之间是有区别的。

变量在计算机的内存中占据一定的存储单元，在相应的存储单元中存放着变量的值。每一变量用一个变量名来标识。变量占据的存储单元中存放的值称为变量值。

整型数据在内存存放是精确的，实型数据在内存存放存在着误差，字符型数据所存放的是字符的 ASCII 代码值。

3. 运算符和表达式

C 语言中的运算处理功能都是由运算符来实现的。按照参加运算的运算量的个数，C 语言的运算符可分为单目、双目和三目。

在使用 C 语言的运算符时，应该注意运算符的优先级和结合性。优先级用于决定运算中的运算顺序，即有多个运算符出现时，哪一个先计算，哪一个后计算；结合性则决定同一优先级的运算符之间的运算顺序，即是先左后右还是先右后左。

用运算符将数据(函数和运算对象(如常量、变量等))按一定的规则连接起来的式子称为表达式。表达式都有一个值，即运算结果。

4. 算术运算中的类型转换

C 语言中的算术运算具有封闭性的特点，它要求参加运算的两个运算量是同一数据类型，而运算结果也是该数据类型。如果两个运算量的数据类型不一致，则系统会进行数据类型转换，将其中的一个低级别类型的数据向另一个高级别类型的数据转换，然后才进行相应的算术运算，运算的结果为其中高级别类型的数据。

可以使用强制类型转换对数据类型进行转换。

5. 赋值运算及其类型转换

赋值运算符就是数学中的等号“=”，由赋值运算符将一个变量和一个表达式连接起来的式子称为赋值表达式，它的作用就是将赋值运算符右边的表达式的值赋给左边的变量。赋值运算时，系统自动将赋值运算符右边的数据转换成赋值运算符左边变量的类型进行存储。

C 语言中提供了 10 种复合赋值运算符。自增、自减运算符的作用是使变量的值自动加、减 1。++i 是先使 i 加 1，再使用 i 的值，而 i++是先使用 i 的值，再使 i 加 1。

6. 逗号运算符与逗号表达式

C 语言中逗号是一种运算符，由逗号运算符将若干个独立的表达式连接起来构成逗号表达式，逗号表达式的值是最后的那个表达式的值。但使用逗号表达式的作用主要是可以求出逗号表达式中的每个表达式的值。

【重点】

(1) 标识符的正确使用。

(2) 各种基本数据类型的使用。

(3) 算术运算符的优先级和结合性。

(4) 表达式计算中的类型转换。

【难点】

(1) 各种类型数据在计算机内存中的存储形式。

(2) 自增自减运算。

【典型错误分析】

1. 标识符中大小写字母用错

C 语言中的标识符是严格区分大小写的，如果大小写字母用错，编译程序会将其作为不同的标识符对待。

2. 赋值运算符的左边出现表达式

赋值运算是将运算符右边表达式的值存放于左边变量的存储单元中，因此赋值运算符的左边只能是变量，不允许出现表达式。虽然赋值号用的是数学中的等于号，但赋值运算的意义不同于数学中的等式。例如，数学中 a=a+1 是矛盾的，而在 C 语言中是一合法且有意义的表达式，其作用是将变量 a 的原值加上 1 之后仍送到变量 a 的内存单元。

3. 变量在参与运算之前没有赋值或初始化

变量在没有被赋值或初始化之前，其值是不确定的，因而其运算结果也是不确定的。

4. 除法运算中除数的值为 0

除以 0 将导致致命的错误。所谓致命错误是会使程序立即终止的错误。非致命错误允许程序继续运行，但计算结果通常是错误的。

5. 在使用运算符时不注意对运算对象的要求

有些运算符对参与运算的运算对象有些明确要求，如求余运算“%”只能在两个整型量之间进行，若出现实型量则是非法的。

6. 不注意运算结果的类型及范围

在 C 语言中，两个整型数据相除的结果仍为整型，如 1/2 的结果为 0，要想得到 1.5，则需要至少在“/”运算符的一侧使用实型。两个基本整型数据相乘的结果有可能超出基本整型的表示范围，此时要将存放结果的变量定义为长整型或实型。

7. 复合赋值运算符书写错误

复合赋值运算符应该连在一起，被空格分开会产生语法错误。为了使其比较醒目，使程序具有更好的可读性，可以在其两边各设置一个空格。

8. 自增自减运算用于非简单变量的表达式中

自增自减运算只能针对简单变量而言。

2.3 典型例题分析

〖选择题〗

例 2.1 C 语言中各种基本数据类型所占存储空间的排列顺序为(　　)。

A. char<=long<=int<=float<=double

B. double<=float<=long<=int<=char

C. char<=int<=float<=long<=double

D. float<=int<=long<=char<=double

解 本题的关键是掌握 C 的基本数据类型的特点。

C 语言的数据类型中，字符型(char)占用 1 个字节的存储空间。C 标准没有具体规定各种整型数据所占的内存字节数(一般 2 字节以上)，只要求长整型(long)数据所占字节数不少于基本整型(int)，短整型(short)不多于基本整型，具体实现由使用的 C 编译系统自行决定。对于单精度实型(float)数据一般分配 4 个字节，双精度实型(double)则通常是单精度实型的 2 倍。因此，按照上述原则，选项 A、B、D 显然是错误的。

故正确答案为选项 C。

例 2.2 下列选项中合法的常量是(　　)。

A. 'basic'　　B. –e8　　C. 02x　　D. "a"

解 本题的关键是掌握 C 的常量的书写形式。

C 语言中的常量包括字符型常量、整型常量、实型常量和字符串常量。其组成规则和类型主要由字面形式决定。选项 A 中由单引号括起来的字符数有 5 个，故不是合法的字符型常量；选项 B 看起来好像是一个指数形式的实型常量，但在符号 e 之前没有数字，不符合规定，故不是一个合法的常量；选项 C 也不符合十六进制整数的规定(0x 开头)，同样不是一个合法常量；选项 D 是由双引号括起来的字符，是一个合法的字符串常量。

因此，正确答案为选项 D。

例 2.3 以下符号中不可用作用户标识符的符号是(　　)。

A. _256　　B. int　　C. scanf　　D. Char

解 本题的关键是掌握 C 语言中用户标识符的命名规则和命名原则。

C 语言的标识符分为三类：关键字、预定义标识符、用户标识符。关键字在 C 语言中具有特殊意义，用户标识符绝对不能与关键字相同，否则编译时将给出出错信息。预定义标识符也有特殊含义，一般用作库函数名、编译预处理命令等，虽然 C 语言允许将其另作他用，但这将使其失去系统规定的原有意义。因此建议用户不要把预定义标识符作为用户标识符使用。另外，C 语言规定，合法的标识符只能由字母、数字和下划线组成，且必须由字母或下划线开头。

根据上述原则来分析：选项 A 以下划线开头，后跟数字字符是合法的。选项 B 中的 int 是 C 语言的保留关键字，不能用作用户标识符。选项 C 中的 scanf 是 C 提供的用于从键盘输入数据的库函数名，属于预定义标识符，允许另作他用。但要注意，这样程序中就不能再调用 scanf 函数从键盘输入数据了，因此，虽然可以将其当作用户标识符使用，但不提倡这样做。选项 D 看似关键字 Char，但应注意，C 语言的标识符严格区分大、小写字母，而这里的 Char 中第一个字母 C 为大写，故这里的 Char 并非关键字 char，故是合法的用户标识符。这里需要提醒读者注意：用户标识符除了要遵守命名规则外，还要做到“见名知义”，以增加程序的可读性。选项 D 的取名方式在程序中比较容易与关键字 char 混淆，因此也应注意避免使用。

故正确答案为选项 B。

例 2.4 以下叙述中正确的是(　　)。

A. 在 C 程序中无论是整数还是实数，只要在允许的范围内都能准确无误地表示

B. 若有 double a, b;，则因为变量 a、b 已经正确定义，因此立刻执行表达式 a=b+9.381 是正确的

C. 在 C 程序中，常量、变量、函数调用，都是表达式的一种

D. 在 main 函数中，变量一经定义，系统将自动赋予初始值

解 本题的关键是掌握 C 语言中的有关概念。

由于实型数据在计算机中是用有限的存储单元存储的，因此能提供的有效数字总是有限的，有效数字以外的数字将被舍去，由此会产生一些误差。因此并不是所有在允许范围内的实型数据都能准确无误地表示。故选项 A 是不正确的。

C 语言规定：用户可以在定义变量的同时给变量赋初值，但除了静态变量(第 8 章介绍)以外系统不会自动为其赋初值，不管该变量在哪个函数中定义。对于没有初始化的变量，在没有为其赋值之前，其值是不确定的随机数。故选项 B、D 都是不正确的。

C 语言中，将常量、变量、函数等运算对象用运算符连接起来的、符合 C 语法规则的式子称为表达式。当然常量、变量、函数调用都可以直接作为表达式。

因此，正确答案为选项 C。

例 2.5 若变量已正确定义并赋值，下面符合 C 语言语法的表达式是(　　)。

A. p%=3.5　　B. a=7+b+c, a++　　C. int(12.3)/4　　D. a=a+7=c+b

解 本题的关键是掌握 C 语言中运算符的正确用法及表达式的正确书写。

C 语言中的表达式种类较多，本章中涉及的就有算术表达式、强制类型转换表达式、赋值表达式以及逗号表达式等。

选项 A 是一个复合的求余赋值表达式，求余运算要求运算符的两边均为整型数，而本题中右边是一个实型数，因此选项 A 是不正确的。选项 B 是由 2 个表达式构成的逗号表达式，其中第 1 个是赋值表达式，第 2 个是由自加运算符构成的表达式，语法上没有错误。选项 C 中使用了类型说明符 int，但使用强制类型转换表达式时，必须将 int 用圆括号括起来，这里没有括号是不合法的。选项 D 从形式上看似乎是一个赋值表达式，但 C 语言中明确规定：赋值运算符(=)左侧只能是变量，不允许是常量和算术表达式；而选项 D 中的第 2 个赋值号左侧出现了算术表达式 a+7，因此是不合法的。

因此，正确答案为选项 B。

例 2.6 假设在程序中 a、b、c 均被定义成整型并且已赋大于 1 的值，能正确表示代数式 $\frac{1}{abc}$ 的表达式是(　　)。

A. 1/a*b*c　　B. 1/(a*b*c)　　C. 1/a/b/(float)C　　D. 1.0/a/b/c

解 本题的关键是掌握如何将代数式写成正确的 C 语言表达式，这是 C 程序设计的基本要求之一。在书写过程中，特别要注意两者形式上的不同以及 C 语言各运算符的特殊要求(数据类型、优先级、结合性)。

选项 A 的运算由于除号后的分母两侧未加圆括号，按照运算规则是先计算 1/a，再将其结果与 b 相乘，然后再与 c 相乘，因此不是正确的表达式。选项 B 和 C 虽然能计算该代数式，但考虑到 a、b、c 均被定义成整型并且已赋大于 1 的值，整数除法计算后所得结果均会为 0，两者也不是正确答案。选项 D 由于将分子 1 用实型数 1.0 表示，计算中会将所有运算数据转换为实型数相除。

因此，正确答案为选项 D。

〖填空题〗

例 2.7 若 k 和 j 为 int 型变量，请写出运算表达式 k=(j=3, j+2, ++j, j++)后，表达式的值是________；变量 k 的值是________；变量 j 的值是________。

解 本题涉及的主要知识点是逗号表达式的求值；同时，还涉及赋值表达式和自增运算。题目中在求表达式值的同时，还要求给出表达式中各变量的值，目的是使读者清楚地知道表达式求值的每一具体步骤。对于逗号表达式的求值，首先应明确两点：① 逗号表达式的运算按从左到右的顺序逐项进行；② 逗号表达式的值为运算完成后最右一项表达式的值。赋值运算则会改变赋值运算符左侧变量的值，赋值表达式的值为赋值后左侧变量的值。对于自增运算来说，如果自增运算符出现在变量的左侧，则对变量先自增后使用，若是出现在右侧，则对变量是先使用后自增。

本例中，整个表达式是一个赋值表达式，因此先要计算右侧逗号表达式的值。首先将 3 赋予变量 j，然后计算 j+2，该表达式的值为 5，但此时并没有改变变量 j 的值；再计算第 3 个表达式，此时 j 先自增为 4，表达式的值为 4；最后一项是先使用 j 的值(4)，并将其作为整个逗号表达式的值赋给变量 k，然后 j 自增为 5。

答案 4，4，5。

例 2.8 若 k 为 int 型变量且赋值 7，赋值表达式 k*=k−5.5 的运算结果为________。

解 在 C 语言中，凡是双目运算符都可以和赋值运算符一起组成复合运算符。在赋值表达式中可以包含这些复合运算符，由于算术运算符的优先级要高于赋值运算符，复合运算符规定其右面的表达式整体作为操作对象。本例中的表达式相当于 k=k*(k−5.5)，也就是说应首先计算复合赋值运算符右边的表达式 k−5.5，由于两数据的类型不一致，先转换为实型计算，得结果 1.5，再与 k 相乘，得结果 10.5，将其赋给变量 k。赋值运算时，系统自动将赋值运算符右边的数据转换成赋值运算符左边变量的类型进行存储。需要注意的是将实型数据转换为整型值时不会进行四舍五入，而是直接舍弃实数的小数部分。

答案 10。

例 2.9 若 x 为 double 型变量且赋值 8.4，表达式 x+1=x+1 的运算结果为________。

解 这是有关赋值运算基本概念的问题。赋值运算是用赋值号右端的值来更换赋值号左端存储单元的内容。因此，赋值号左端必须是可以引用的某个存储单元(最常用的是变量)，通常称为“左值”。在本例中，C 编译器不会为表达式 x+1 分配存储空间，故因无法执行赋值运算而产生错误。错误信息为“Lvalue required”——要求提供左值。

答案 产生出错信息。

〖阅读题〗

例 2.10 已知字母 A 的 ASCII 码为十进制的 65，写出下列程序的输出结果。

```
#include <stdio.h>
main( )
{
  char ch1,ch2;
  ch1='A'+'5'-'3';
```

```
    ch2='A'+'6'-'3';
    printf("%d,%c\n",ch1,ch2);
}
```

解 本题主要考察关于字符型数据的存储的知识。字符型数据在内存中占一个字节的存储空间，其中存储的是字符的ASCII码。因此字符型数据在其表示范围内与整型数据是通用的,即它可以和整型数据一样参与各种运算。虽然我们不一定记得每一个字符的 ASCII 值，但我们应该清楚，26个大写字母、26个小写字母、数字0~9的ASCII码值都是按顺序连续的。这样两个字符相减的结果实际上是两个字符之间的差距，而一个字符加上一个整数k的结果是该字符后的第k个字符。从程序中我们看到，ch1的值应该是字符'A'后的第2个字符，即字符'C'；同理，ch2的值为字符'D'。本题要求ch1以整数形式(%d)输出，ch2以字符形式输出。题中已知'A'的ASCII码为十进制数65，因此'C'的ASCII码值为67。故本题的输出结果应为：67, D。

程序开头第一行的编译预处理命令是因为程序需要调用输入输出库函数。

例 2.11 写出下列程序的输出结果。

```
#include <stdio.h>
#include <math.h>
main( )
{
   int a=1,b=4,c=2;
   float  x=10.5,y=4.0,z;
   z=(a+b)/c+sqrt((double)y)*1.2/c+x;
   printf("%f\n",z);
}
```

解 本题的中心点是求一个算术表达式的值。本例中涉及了括号及加、乘、除3种运算，除此以外，还涉及函数调用。计算其结果时首先要掌握两点：① 算术运算符的优先级和结合性；② 运算符两侧类型不同的运算数，在运算过程中类型转换的规律。根据规定，括号的优先级最高，应该先计算括号内的运算(a+b)和函数调用(sqrt( )：开平方函数，参数要求为双精度实型，结果也为双精度实型)，分别得结果：整数5和双精度实型数2.0；再进行乘除法运算，最后进行加减法运算。除法运算所得结果的类型与运算数类型一致，因为第1个除法“/”两侧都是整型，因此结果也应该是整型，所以第1个除法的结果为2。当运算符两侧运算数类型不同时，低级别数首先转换为高级别数，然后再进行运算。加法的第2项为2.0*1.2/2，按算术运算的结合性，应该自左至右进行运算，首先计算乘法，得双精度实型数2.4，然后计算2.4/2，运算符两侧一个为整型数另一个为双精度实型数，系统将首先把整型数转换成双精度实型数，使运算符两边的类型取得一致后进行运算，因此其结果为双精度实型数1.2。同理，最后将加法运算2+1.2+10.5的结果为13.7赋给变量z。因此，最后程序输出出z的值13.7。

注意：由于本程序要调用数学函数 sqrt( )，所以在程序的开头必须使用编译预处理命令：#include <math.h>。

〖编程题〗

例 2.12 编程序求一元二次方程 $ax^2+bx+c=0$ 的根(假定 a=4，b=−40，c=91，此时方程有两不相等的实根)。

分析 对于有两不相等实根的一元二次方程，我们可以通过求根公式

$$x_{1,2}=\frac{-b\pm\sqrt{b^2-4ac}}{2a}$$

来求出其根。程序的算法非常简单，首先根据方程系数计算根，然后进行输出即可。因此本题的关键在于将求根公式写成 C 语言表达式。在书写算术表达式时，不允许使用分数的形式，只能按运算的先后顺序写在一行上，必要时要添加圆括号以保证运算的正确性。开平方可以通过调用数学库函数实现。

我们首先来看程序中需要用到的数据及其数据类型，显然，程序中需要使用下列数据：方程的系数(a，b，c)，方程的根(x1，x2)，此外，我们还可以将判别式Δ在求根之前先计算出来，避免求根时重复计算。由于Δ是希腊字母，程序中不允许出现，我们将其开平方值取名为 delta。由于一般情况下这些数据不会是整数，我们将其全部设置为实型数据。

由于题目中已给出系数的数据，我们可以在定义时初始化这些数据。

通过以上分析，编写程序如下：

```
#include <stdio.h>
#include <math.h>
main( )
{
   float a=4,b=-40,c=91;              /* 方程系数 */
   float x1,x2;                       /* 方程的两个实根 */
   float delta;                       /* 判断式的开平方 */
   delta=sqrt(b*b-4.0*a*c);
   x1=(-b+delta)/(2.0*a);
   x2=(-b-delta)/(2.0*a);
   printf("x1=%f  x2=%f\n",x1,x2);
}
```

第 3 章　顺序结构程序设计

3.1　学 习 要 求

熟练掌握 C 程序的输入输出格式和使用方法；熟悉顺序结构程序的编写方法；了解 C 语句的基本形式。

基本要求　能编制简单的具有输入输出功能的 C 程序。

3.2　内 容 要 点

【知识点】

(1) 顺序结构是 3 种基本结构中最简单的结构，该结构中的每一条语句按照书写顺序执行。

(2) C 程序的功能通过执行语句序列实现。

(3) C 语句包括：表达式语句、函数调用语句、控制语句、空语句。多个语句可用一对花括号括起来组成一个复合语句。

(4) 表达式语句实现计算功能。

(5) 函数调用语句调用系统提供的库函数或用户自己定义的函数。

(6) 控制语句控制流程。

(7) 空语句不做任何事情。

(8) C 程序的输入输出通过库函数调用实现。常用的输出函数为 printf( )，常用的输入函数为 scanf( )。printf 函数用于将结果显示在标准输出设备(通常为显示器)上，而 scanf 函数用于从标准输入设备(通常为键盘)上读入数据。

【重点】

printf( )函数和 scanf( )函数的使用。

【难点】

printf( )函数和 scanf( )函数的格式控制。

【典型错误分析】

1. 漏写输入/输出函数 scanf( )、printf( )中的 f

scanf( )和 printf( )函数是系统提供的库函数，f 是格式(format)之意，表示要求用户按照程序指定的格式进行输入输出操作。使用这些函数时名字不能出错，否则，系统会在连接时发生错误，即找不到 scan( )或 print( )函数。

2. 输入/输出函数 scanf( )、printf( )的格式控制字符串书写错误

这类错误包括：忘记用双引号把格式控制字符串括起来；试图用%而不是%%输出百分号字符；输出单引号、双引号、反斜杠等字符时没有使用反斜杠构成正确的转义字符等。

这类错误往往导致系统对格式控制字符串的解释错误，输出错误的结果。

3. 输入输出函数 scanf( )、printf( )的格式说明使用错误

不同类型数据应使用不同的格式说明。这类错误包括：整型数据使用实型的格式说明，或实型数据使用整型说明；用%c 输出字符串的第一个字符；用%s 输出字符型数据等。

同一类型数据往往也有多种输出格式。这类错误包括：对于整数，需要输出无符号值时采用%d 而不是%u；对于长整型，没有使用%ld 等。这样都不会输出要求的结果。

4. 精度和宽度错误

这类错误包括：printf( )函数中没有为要输出的值提供足够大的域宽，使数据超出给定范围，导致其他被输出的数据的位置发生偏移；在 scanf( )函数中为输入数据指定精度。

5. scanf( )函数的输入列表缺少地址运算符

scanf( )函数的输入列表中的每个量都是一个存储输入数据的地址，如果是一个简单变量的话，应该使用地址运算符获得其地址，但初学者经常漏写地址运算符。

6. scanf( )函数格式控制字符串的普通字符在输入时没有原样输入

在 scanf( )函数的格式控制串中出现的普通字符都需要从键盘直接输入，如果在格式说明之间用了逗号分隔，那么在输入数据时就必须使用逗号分隔数据。

7. 试图用%s 输入含有空格的字符串

用%s 输入字符串时，遇到空格则系统认为字符串结果，因此这样做的结果是期望的字符串没有输入完整，剩下的字符又会作为另外的数据读入，从而导致读入的数据混乱。如果要输入含有空格的字符串，则应使用 gets( )函数。

8. 分析输出结果时不按规定的格式书写

printf( )函数总是从光标所在的位置开始输出，光标位置可在屏幕上某行的任何位置，输出结果如何取决于格式说明的作用。在分析程序写出输出结果时，没有按照格式说明的要求去书写结果，该输出的空格没有表示出来，该换行的没有换行。

3.3 典型例题分析

〖选择题〗

例 3.1 若变量已正确说明为 float 类型，要通过语句 scanf("%f %f %f", &a, &b, &c);给 a 赋予 10、b 赋予 22、c 赋予 33，以下不正确的输入形式是(　　)。

A. 10　22　33↙　　　　B. 10.0, 22.0, 33.0↙

C. 10.0↙　　　　　　　　　　　　　　　D. 10　　22↙

22.0　33.0↙　　　　　　　　　　　　　　33↙

解　本题的关键是掌握输入格式的使用。

本题中要求用 scanf 函数通过键盘输入 3 个数。在键盘上输入数据时，scanf( )函数要求输入的数据必须与对应的格式说明相匹配。但当格式控制字符串中的格式说明之间只有空格隔开或没有任何其他字符相隔时，实际输入的数值数据之间可以用空格符、制表符(Tab 键)或回车符(Enter 键)进行分隔，并且可以混合使用。如果有格式说明以外的其他字符，则必须照原样输入。因而选项 A、C、D 均是正确的输入形式。而选项 B 由于使用了格式说明中并没有指定的逗号来分隔数据，所以是不正确的输入形式。

因此，正确答案为选项 B。

例 3.2　已有定义 int x; float y;，且执行 scanf("%3d%f ", &x, &y);语句，若从第一列开始输入数据 12345　678↙，则 x 和 y 的值分别为(　　)。

A. x=12345, y=678.0　　　　　　　B. x=123, y=678.0

C. x=123, y=678.0　　　　　　　　D. x=123, y=45.0

解　本题的关键是掌握 scanf 函数的格式说明的使用。

在调用 scanf 读入数据时，空格字符作为数据间的分隔符。本题中的“%3d”指定输入的第 1 个整数只能有 3 位数值，即 x 得到的值是 123，很显然，y 得到的值是 45.0。scanf 函数执行结束后，输入缓冲区中剩下的数据 678 将留给下一个 scanf 函数使用。

因此，正确答案为选项 D。

例 3.3　若 x，y 均定义为 int 型，z 定义为 double 型，以下错误的 scanf 函数调用语句是(　　)。

A. scanf("%d %x , %le ", &x, &y, &z);

B. scanf("%2d * %d %lf ", &x, &y, &z);

C. scanf("%x %*d %o", &x, &y);

D. scanf("%x %o %6.2f ", &x, &y, &z);

解　本题的关键是掌握 scanf 函数的格式控制符的使用。

选项 A 中的“%le”的功能与“%lf”的功能相同，逗号作为第 2 个整数与第 3 个数之间的分隔符也是可以的；选项 B 中的“%2d”指定输入的第 1 个整数只能有 2 位数值，“*”作为第 1 个整数与第 2 个整数之间的分隔符也是可以的；选项 C 中的“%*d”指定将从键盘输入的第 2 个数丢掉，即输入时将从键盘输入的第 1 个数送给 x，丢掉第 2 个数，将第 3 个数送给 y，“%o”表示第 3 个数一定要是八进制数的形式；选项 D 中的“%6.2f”是错误的，scanf 函数不允许指定输入的小数位数。

因此，正确答案为选项 D。

例 3.4　下列程序的输出结果是(　　)。

```
main( )
{
   int x=1,y=2,z=3;
   printf("x+y+z=%d\n",x+y+z);
}
```

A. 1+2+3=6　　　B. x+y+z=6　　　C. 6　　　D. x+y+z=123

解 本题的关键是掌握 printf 函数的格式控制字符串的使用。

本题的格式控制字符串是"x+y+z=%d\n"，其中“x+y+z=”是 6 个普遍字符，输出时在屏幕上原样输出；“%d”是格式说明，表示要在这个位置输出一个整数；“\n”是转义字符，表示要在输出整数以后，紧接着输出一个换行符，即把光标移到下一行的开头。要输出的数据只有一个，即表达式 x+y+z 的值 6。

因此，正确答案为选项 B。

例 3.5 下列程序的输出结果是(　　)。

```
main( )
{
   int a=10;
   long b=20;
   float c=3.8;
   printf("a=%d,b=%d,c=%3.1f\n",a,b,c);
}
```

A. a=10，b=20，c=3.8　　　　B. a=10，b=不确定值，c=3.8

C. a=10，b=0，c=3.8　　　　D. a=10，b=20，c=不确定值

解 本题的关键是掌握 printf 函数的格式说明的使用。

在 printf 函数中对长整型数 b 的正确输出格式说明应为“%ld”，题中用“%d”输出是不对的，由于本题中 b 的值较小，在实际输出时，32 位数只输出了其中的低 16 位，虽然得到的结果在形式上看还是 b=20，但此时已打破了 printf 函数已经安排好了的输出次序，故在输出第 3 个数时得到的将是一个不确定的值。

因此，正确答案为选项 D。

〖填空题〗

例 3.6 printf( )函数中的格式说明________和________可用来输出有符号的十进制整数。格式说明________、________和________可分别用八进制、十进制和十六进制形式输出无符号整数。

解 整数的输出形式非常多，既可以是有符号形式的，也可以是无符号形式的，对无符号形式又可以按八进制、十进制和十六进制形式输出，它们分别使用不同的格式说明。

答案 %d，%i，%o，%u，%x(或%X)。

例 3.7 下列程序的输出结果是________。

```
main( )
{
   int x=-16;
   printf("x=%o  x=%#o\n",x,x);
   printf("x=%x  x=%#x\n",x,x);
}
```

解 本题的关键是掌握 printf 函数的格式说明的使用及整数在计算机中的存放形式。

在 printf 函数中，用格式说明“%o”或“%x”来输出整数的八进制或十六进制形式，在输出整数的八进制或十六进制形式时，系统自动将其转换为无符号数，即将整数的符号位也

当成数值位来输出。如本例中的–16，其二进制原码为：1000 0000 0001 0000B；反码为：1111 1111 1110 1111B；补码为：1111 1111 1111 0000B。整数在计算机中的存放形式是其补码，输出时将符号位也当成数值位来输出，则其八进制值为：177760，其十六进制值为：fff0。在%号与格式字符“o”或“x”之间插入一个格式修饰符“#”号，可以在输出的八进制数(或十六进制数)前添加0(或0x)标志，以增加输出结果的可阅读性。

答案　x=177760　　x=0177760

　　　　x=fff0　　　x=0xfff0

〖阅读题〗

例 3.8　当运行下列程序时，在键盘上从输入 9876543210↙，写出程序的输出结果。

```
main( )
{
  int a;
  float b,c;
  scanf("%2d%3f%4f ",&a,&b,&c);
  printf("\na=%4d,b=%10.2f,c=%10.2f\n",a,b,c);
}
```

解　本题主要考察指定域宽的输入和指定域宽及精度的输出。

用 scanf 函数从键盘输入数据时，可以通过域宽指定输入数据的位数。本题中，读入的 3 个数的位数分别指定为 2、3、4 位，因而读入时，前两位数 98 作为第一个整数读入并放到变量 a 所在的存储单元。765 作为实型数读入并存放到实型变量 b 所在的存储单元，因而，变量 b 的值为 765.0；同理，c 的值为 4321.0。然后，程序执行 printf 函数，将 a、b、c 三个变量的值按指定格式输出，其中 a 的值占 4 个位置宽度，前面用空格填充；b 和 c 均占 10 个字符宽度，对于不足部分，小数点前的整数部分(7 位)的有效数字前用空格填充，小数点后用 0 补足 2 位。其他字符(包括逗号)原样照印。因此，本题的输出结果为

```
a=  98,b=    765.00,c=   4321.00
```

例 3.9　下列程序不能使 float 型变量 x 得到正确的数值，分析其原因。

```
main( )
{
  float  x;
  scanf("%d",x);
  printf("x=%3.1f\n",x);
}
```

解　本题的关键是掌握 scanf 函数的格式说明的使用及数据存放地址的指定。

在 scanf 函数中输入 float 型数据应使用“%f”或“%e”格式说明，本题使用“%d”是错误的；再则，从键盘输入的数据应在 scanf 函数中指定其在内存中的存放地址，而不能只指定变量名。在变量名前加取地址运算符&可以得到某个变量在内存中的地址，本题的输入函数应改为：scanf("%f", &x)。

〖编程题〗

例 3.10 输入一个五位数的整数，然后从低位到高位输出每一个数字(每个数字之间用两个空格隔开)。例如，用户输入数字 45678，则程序输出结果为：8 7 6 5 4。

解 要把这个数的每一个数字按照从低到高逆序并用空格分隔输出，首先需要将该数分解为单个数字，这可以通过整除和求余运算来实现。我们在程序中分别用 d1、d2、d3、d4、d5 来存放从低到高的 5 个数字。每与 10 进行一次求余运算，就可以将整数的最后一位从数中分解出来，如此运算进行 4 次即可实现一个五位数的分解。因为已经将其分解为 5 个一位数，我们只要指定域宽为 3，即可按要求将结果输出。

```
#include <stdio.h>
main( )
{
    long num;                          /* 存放一个有五位数的整数 */
    int d1,d2,d3,d4,d5;                /* 存放 5 个分解后的一位数字 */
    printf("请输入一个五位整数：");      /* 屏幕提示 */
    scanf("%ld",&num);
    /* 分解 */
    d1=num%10;
    d2=num/10%10;
    d3=num/100%10;
    d4=num/1000%10;
    d5=num/10000%10;
    /* 输出 */
    printf("%3d%3d%3d%3d%3d\n",d1,d2,d3,d4,d5);
}
```

实际上，我们还可以用另外的格式说明来实现同样的输出，即每个数字指定 1 位域宽，每个数字之间用 2 个空格分隔。当我们学习后续内容以后，我们可以非常方便地对任意位数字进行分解和输出。

例 3.11 输入一个摄氏温度的取值 C，要求输出华氏温度的取值 F(并保留 2 位小数)。转换公式为：F=32+9*C/5。

解 本题的计算公式比较简单，关键是输出时要求只保留 2 位小数，我们可以直接在 printf 函数的格式说明中加入指定输出域宽和精度的方法来实现。

```
main( )
{
    float f,c;
    printf("C=");
    scanf("%f",&c);
    f=32+9*c/5;
    printf("F=%8.2f",f);
}
```

注意：在程序中利用表达式进行数值计算时，一定要特别关注数据类型的变化情况。例如，将本例中的公式改写成 f=32+9/5*c，则不能得到正确结果，请读者自己分析其中的原因。

第 4 章　选择结构程序设计

4.1　学 习 要 求

掌握逻辑值的概念及逻辑值在 C 语言中的表示方法；掌握关系运算符和逻辑运算符的运算规则，并且要能够根据不同的条件要求，正确的写出相应的关系表达式或逻辑表达式；掌握赋值运算、算术运算、关系运算及逻辑运算等几种常用的运算符之间的优先级次序及其表达式的求解过程；掌握 if 语句及其嵌套的使用方法；了解条件运算符的运算规则及条件表达式的使用方法；了解用 switch 语句和 break 语句构成的多分支结构。

基本要求　能够编写简单的选择结构程序，并且能够运用所学的知识排除选择结构程序中的语法错误及部分比较简单的逻辑错误。

4.2　内 容 要 点

【知识点】

(1) 逻辑值是用来描述某个命题是否成立，逻辑值只有“真”和“假”两个值。在一些高级语言中，通常定义有专门的逻辑类型，而 C 语言没有专门的“逻辑类型”，即用数值 1 来表示“真”，用数值 0 来表示“假”。这样，C 语言中的逻辑值也可以作为一个整数直接参与算术运算。

(2) 关系运算就是把两个数据进行比较，判定它们是否符合给定的关系，一般用来描述某个简单的条件。关系运算的结果是一个逻辑值。

(3) 逻辑运算是指对逻辑值进行的运算，一般用来描述由多个条件组合而成的复合条件，运算的结果还是一个逻辑值。在 C 语言中，数值型的值也可以直接参与逻辑运算，运算时把所有的非零数值都当成逻辑值“真”，把数值零当成逻辑值“假”。

(4) C 语言在求解逻辑表达式的值时，采用“非完全求解”的方法。即：当求出某个逻辑运算符的左边的运算量的值就能够明确地确定这个逻辑运算的结果时，就结束求解过程，直接给出运算结果。

(5) if 语句有三种形式：单分支 if 语句、双分支 if 语句和多分支 if 语句。双分支 if 语句使用较为普遍。双分支 if 语句的形式是

```
if(表达式)
    语句 1
else
    语句 2
```

其执行过程为：如果表达式的值成立(为“真”)，则执行语句 1，否则执行语句 2。

(6) if 语句中的“表达式”可以是任何类型的 C 表达式，但必须用括号括起来。if 语句中的语句 1 和语句 2 可以是一条简单的 C 语句，也可以是一条复合语句。

(7) 在 if 语句结构中，当 if(表达式)或 else 后面语句本身又是一个 if 语句结构时，就形

成了 if 语句的嵌套结构。if 语句的两层嵌套结构如下：

```
if( )
   if( )  语句 1
   else   语句 2
else
   if( )  语句 3
   else   语句 4
```

(8) 在 if 语句的嵌套结构中并不需要对称，只根据需要决定嵌套的形式。在写 if 语句的嵌套结构时，要注意 else 与 if 配对的规则，else 总是与在它前面的、离它最近的、尚未与其他 else 匹配的 if 相配对。如

```
if(表达式 1)
   if(表达式 2)  语句 1
      else  语句 2
```

则 else 与第 2 个 if 相配对。如果想与 else 与第 1 个 if 配对，则必须采用下面的形式：

```
if(表达式 1)
   {if(表达式 2)  语句 1}
else  语句 2
```

即用花括号把内层 if 语句括起来后，使得此内层 if 语句在语法上成为一条独立的语句，从而使得 else 只能与外层的 if 配对。

(9) 条件运算符是 C 语言提供的唯一的一个三目运算符，即它要求有 3 个运算对象。条件运算符具有自右向左的结合性。

(10) 条件表达式的一般形式：

表达式 1？表达式 2:表达式 3

执行过程为：先求表达式 1 的值，若为真，则求表达式 2 的值并以此值作为整个表达式的值，否则，则求表达式 3 的值并以此值作为整个表达式的值。如果条件表达式中的“表达式 2”与“表达式 3”的数据类型不一致，系统在求该表达式的值时，遵循算术运算的类型转换规则，即取两者中较高的类型。

(11) switch 语句中的“表达式”只能是整型、字符型或枚举型的表达式。switch 语句对各个分支的排列顺序没有严格的要求，可以随意安排。

(12) 用 switch 语句编写多分支结构的程序时，一般要在每个分支的最后一条语句之后加一条 break 语句，其作用是强制退出 switch 语句，从而将该分支与位于它后面的其他分支之间的联系断开。

【重点】

(1) 逻辑值的表示、使用及其运算。

(2) 关系运算符的运算规则及关系表达式的使用方法。

(3) 逻辑运算符的运算规则及逻辑表达式的使用方法。

(4) 几种形式的 if 语句的正确使用。

(5) switch 语句的形式与执行过程。

【难点】

(1) 逻辑表达式求值时的“非完全求解法”。

(2) 条件运算符具有的自右向左的结合性及条件表达式的求解过程。

(3) if 语句的嵌套使用问题。

(4) switch 语句的执行过程及在 switch 语句中正确使用 break 语句的方法。

【典型错误分析】

(1) 把关系运算符“==”错写成赋值运算符“=”。

例如，判断变量 x 的值是否等于 100 的关系表达式应为：x==100，它的运算结果是一个逻辑值。如果在进行关系运算时 x 的值正好是 100，则其运算结果为整数值 1；否则，其运算结果为整数值 0。关系运算前后，变量 x 的值保持不变。

如果将关系表达式：x==100 错写成 x=100，就变成了一个赋值表达式，它的运算结果是整数值 100。并且，无论在赋值运算之前变量 x 的值是多少，在赋值运算之后变量 x 的值都将变为 100。当它作为 if 语句的条件判断的表达式时，因 x 的值变成了 100，是一个不等于 0 的值，将被作为逻辑“真”来处理，其表达式总是成立。

(2) 在描述复合条件时，没有使用逻辑运算符构成符合要求的逻辑表达式。

例如，用一个表达式判断字符型变量 x 是否是一个大写的英文字母。

读者往往会很容易地写出如下的关系表达式：'A'<=x<='Z'，但这个表达式的运算结果却不能正确地表达题目的本义。C 语言在对这个表达式求值时，对式中的两个关系运算符采用先左后右的求解顺序，首先求出关系表达式'A'<=x 的值，其结果为 0 或 1，然后再把这个结果与字符'Z'进行比较，得出最后的结果肯定为 1。这个结果显然是与题意不相符的。

要想正确地表示上述表达式，必须先把它分解成两个简单条件，即：'A'<=x 和 x<='Z'，然后再把这两个简单条件用逻辑运算符&&连接起来，构成一个逻辑表达式，即

'A'<=x && x<='Z'

这样才能正确地表达题目的本义。

这类问题也经常用在数学中的区间表示中。如：$0\leqslant x\leqslant 10$，在 C 语言中正确表示应该是

`0<=x && x<=10`　　或　　`x>=0 && x<=10`

(3) if 语句中用来控制分支选择的表达式有错误。

例如，程序的功能是计算函数 $y=\begin{cases} x+8, & x\geqslant 0, \\ x^2-8, & x<0 \end{cases}$ 的值。

```
main( )
{
   int  x,y;
   scanf("%d",&x);
   if(x> =0)
      y=x+8;
   else
      y=x*x-8;
   printf("x=%d,y=%d\n",x,y);
}
```

关系运算符应为>=，即两个字符中间不能有空格

(4) 当某个分支的语句是由多个语句组合而成的复合语句时，忘了加花括号。

例如，程序的功能是从键盘输入两个整数 x、y，然后把其中的大者放入变量 x 中，小者放入变量 y 中。

```
main( )
{
  int  x,y,t;
  scanf("%d %d",&x,&y);
  if(y>x)
    t=x;
    x=y;
    y=t;
  printf("x=%d,y=%d\n",x,y);
}
```

（注：这 3 个语句应该用一对花括号括起来）

4.3 典型例题分析

〖选择题〗

例 4.1 以下关于运算符优先顺序的描述中正确的是(　　)。

A. 关系运算符<算术运算符<赋值运算符<逻辑与运算符

B. 逻辑与运算符<关系运算符<算术运算符<赋值运算符

C. 赋值运算符<逻辑与运算符<关系运算符<算术运算符

D. 算术运算符<关系运算符<赋值运算符<逻辑与运算符

解 本题的关键是掌握 C 语言中常用的几种运算符的优先级。

C 语言中各类运算符的优先级按由高到低的次序可大致归纳为：初等运算符(( )、[ ]等)→单目运算符→算术运算符→关系运算符→逻辑运算符(其中逻辑非运算符!为单目运算符)→条件运算符→赋值运算符→逗号运算符。

因此，正确答案为选项 C。

例 4.2 关系表达式 8!=6 的值是(　　)。

A. true　　B. 0　　C. 1　　D. 非零值

解 本题的关键是掌握 C 语言中逻辑值的概念及其表示。

C 语言没有专门的“逻辑类型”，而是用数值 1 来表示“真”，用数值 0 来表示“假”，所以关系运算的结果只能是数值 0 或 1。8 与 6 两个数不相等的关系是成立的。

因此，正确答案为选项 C。

例 4.3 某一个坐标点 $P(x, y)$位于坐标原点的上方，并且在 45°线的下方。以下的几个 C 表达式中能正确地描述上述坐标点位置的是(　　)。

A. y>0 AND　y<x　　B. x>y>0

C. y>x>0　　D. y>0 && x>y

解 本题的关键是掌握 C 语言中逻辑表达式的正确书写。

在 C 语言中描述一个复合条件时，一定要用逻辑表达式。本题中限定坐标点位置的已知条件有两个，一个是它位于坐标原点的上方，即 y>0；另一个条件是它位于 45°线的下方，即 y<x。由以上分析可知，选项 C 是错的，而选项 A 中的 AND 不是 C 语言的运算符；选项 B 中的关系表达式不能用来描述一个复合条件，如当 x=10、y=−5 时，该点位于坐标原点的下方，而选项 B 中表达式的值仍然为 1。

因此，正确答案为选项 D。

例 4.4 下列程序的执行结果是(　　)。

```
main( )
{
  int  a=5,b=6,c=8,d=7,n=2,m;
  m=(a>b)&&(n=c>d);
  printf("n=%d\n",n);
}
```

A. n=1　　　　B. n=2　　　　C. n=0　　　　D. n=3

解 本题的关键是掌握逻辑表达式的求值规则。

在 C 语言中，逻辑表达式在求值时采用"非完全求解法"。程序中的第 4 行是先求出逻辑表达式(a>b)&&(n=c>d)的值，然后将所求得的结果赋值给变量 m。但在求解逻辑与运算的结果时，采用了"非完全求解法"。即由于事先求得的参与"逻辑与运算"的一个值(a>b)为 0，则不论运算符&&右边的表达式(n=c>d)的值是何值，最后的结果都将是 0。因而计算机就不会再去求表达式(n=c>d)的值，而是直接给出最后的结果，因此 n 的值没有被改变。

因此，正确答案为选项 B。

〖**填空题**〗

例 4.5 请写出与表达式!(x+5)等价的 C 语言表达式________。

解 本题中算术表达式(x+5)的结果是一个数值量，然后再把这个数值量直接参与逻辑非运算。根据 C 语言逻辑运算的运算规则，当一个数值量的值为零时，当逻辑"假"处理，当一个数值量的值为非零值时，当逻辑"真"处理。在这里，当 x=−5 时，(x+5)=0，再经过逻辑非运算后的结果为 1；否则，当 x 为其他的任何值时，逻辑非运算后的结果都为 0。

答案 x==−5。

例 4.6 设 x、y、z 均为 int 型变量，并已分别赋值为某个同学的三门课程的分数值，试写出判断该同学的学习成绩是否达到优秀的表达式________。成绩优秀的标准是：平均分在 90 分以上，并且至少要有两门课的成绩在 95 分以上。

解 本题要描述的条件为一个复合条件，所以一定要用到逻辑运算。第 1 个条件"平均分在 90 分以上"的 C 表达式应为：(x+y+z)/3.0>90。注意，这里的除数不能为整数值 3，否则，两个整数相除的结果仍为整数，这样算得的平均分在 91 分以下的实型数都将被取整为 90 分，如 90.8 分也将会被取整为 90 分，这显然不符合题目的原意。第 2 个条件"至少要有两门课的成绩在 95 分以上"本身就是一个复合条件，可以先列举出所有可能的情况，然后再用逻辑运算综合，其逻辑表达式为

```
(x>95&&y>95)||(x>95&&z>95)||(y>95&&z>95)
```

如果课程数再多一些的话，上述逻辑表达式就会非常复杂。在这里我们介绍一个比较简捷的方法，该方法先用加法运算求出成绩在 95 分以上的课程数，然后再看它的值是否大于或

等于 2。写出的逻辑表达式为：(x>95)+(y>95)+(z>95)>=2。

注意，表达式中的 3 个圆括号不能省，否则，加法运算优先，即表达式

x>95+y>95+z>95>=2

相当于表达式

x>(95+y)>(95+ z)>95>=2

答案
```
(x+y+z)/3.0>90&&((x>95&&y>95)||(x>95&&z>95)||(y>95&&z>95))
```

或

```
(x+y+z)/3.0>90&&((x>95)+(y>95)+(z>95)>=2)
```

例 4.7 若有变量 int a=5, b=2, c=1，则表达式 a–b<c||b==c 的值是________。

解 在做本题时，要求读者分清 C 语言中常用的几种运算符的优先级。在这里算术运算符“–”的优先级最高，然后是关系运算符<和==，最后是逻辑运算符||，并要注意逻辑运算符在求解时可能会用到的“非完全求解法”。

本题的求解过程：① 算出 a–b 的值为 3；② 算出 3<c 的值为 0；③ 算出 b==c 的值为 0，本题不满足采用“非完全求解法”的条件；④ 算出 0||0 的值为 0。

答案 0。

例 4.8 下列程序的功能是：先从键盘输入一个字符，如果它是一个大写字母，则把它转变成对应的小写字母；如果它是一个小写字母，则把它转变成对应的大写字母，其他字符保持不变，请填空。

```
main( )
{
   char ch;
   scanf("%c",&ch);
   if(____①____)
      ch=ch+32;
   else
      if(ch>='a'&&ch<='z')
      ____②____;
   printf("%c",ch);
}
```

解 本题要求读者首先要知道常用字符的 ASCII 码值，如字符'A'的 ASCII 码值为 65，'a'的 ASCII 码值为 97，'0'的 ASCII 码值为 48，空格的 ASCII 码值为 32 等，并能由此推导出与它们排在一起的其他常用字符的 ASCII 码值。由此可以看出表达式 ch=ch+32 的作用是将大写字母转变成对应的小写字母，所以在第 1 个空中应填入判断一个字符是否为大写字母的表达式，仿照程序中已经给出的判断一个字符是否为小写字母的表达式，我们可以比较容易地得出

答案 ① ch>='A'&&ch<='Z'；② ch=ch–32。

注意：本题中的两个空中应填入的答案都可以在本题程序中的其他地方找到类似的表达式，起到相互提示的作用。在各种不同的考试中，命题人员为了降低整个试卷的难度，有时也会在试卷的其他题目中给出部分难度较高的试题的提示信息，考生在解题时，要学会触类旁通，充分地利用这些提示信息。

〖阅读题〗

例 4.9 若在下列程序运行时输入：100↙，请给出程序的输出结果。

```
main( )
{
  int a;
  scanf("%d",&a);
  printf("%s",(a%2==0)?"yes":"no");
}
```

解 本题要求的知识点是条件表达式及其求解过程。在程序中用条件表达式作为 printf 函数的一个输出项。条件表达式中的“表达式 1”为：(a%2==0)，其结果为 1，故取“表达式 2”的值"yes"作为整个条件表达式的值，即程序的输出的结果为：yes。

注意，在求条件表达式的值时，若其中的“表达式 2”与“表达式 3”的数据类型不一致，系统还要将它们转化为一致的数据类型，转换规则与算术运算时的转换规则相同。本题中的两个表达式均为字符串，不需转换。

例 4.10 写出下列程序的输出结果。

```
main( )
{
  int x=5;
  if(x++<5)
    printf("x=%d\n",x);
  else
    printf("x=%d\n",x+2);
}
```

解 本题要求的知识点是如何正确地理解 if 语句中用来控制分支选择的表达式，程序中该表达式为：(x++<5)。其求值过程是：先取变量 x 的值 5，并用该值参与关系运算 5<5，得到整个表达式的值为 0，然后才把变量 x 的值加 1，使它变为 6。由于 if 语句中用来控制分支选择的表达式的值为 0，故执行 else 后面的语句，程序的输出结果为：x=8。

例 4.11 写出下列程序的输出结果。

```
main( )
{
  int a,b,c,s,w,t;
  s=w=t=0;
  a=-1;
  b=c=3;
  if(c>0)                      /* 第 1 个 if 语句 */
    s=a+b;
  if(a<=0)                     /* 第 2 个 if 语句 */
  {
    if(b>0)                    /* 第 3 个 if 语句 */
```

```
      if(c<=0)                    /* 第 4 个 if 语句 */
         w=a-b;
   }
   else
      if(c>0)                     /* 第 5 个 if 语句 */
         w=a-b;
      else
         t=c;
   printf("s=%d, w=%d, t=%d\n",s,w,t);
}
```

解 本题要求的知识点是 if 语句的嵌套使用。程序中共用了 5 个 if 语句：第 1 个 if 语句是一个单分支的 if 语句；第 2 个 if 语句是一个双分支的 if 语句，并在 2 个分支中均内嵌有另外的 if 语句，其中第 1 个分支是用一对花括号括起来形成独立的语句，花括号中又是单分支 if 的两层嵌套，即第 3、4 个 if 语句；第 5 个 if 语句是一个双分支的 if 语句，它是第 2 个 if 语句的第 2 个分支。

程序的执行过程是：第 1 个 if 语句中 c>0 满足，则执行 s=a+b;，此时变量 s 的值为 2；第 2 个 if 语句中 a<=0 的值为"真"，选择它的第一个分支，即执行第 3 个 if 语句，此时 b>0 的值为 1，继续执行第 4 个 if 语句，而 c<=0 的值为 0，且第 4 个 if 语句是一个单分支的 if 语句，所以第 3、4 个 if 语句在本次执行时什么事也没做；第 5 个 if 语句是第 2 个 if 语句的第 2 个分支，没有得到执行的机会；最后执行 printf("s=%d, w=%d, t=%d\n", s, w, t);语句。

程序的输出结果为：s=2，w=0，t=0。

例 4.12 写出下列程序的输出结果。

```
main( )
{
   int x=1,y=0,a=0,b=0;
   switch(x)
   {
      case 1: switch(y)
              {
                 case 0: a++;break;
                 case 1: b++;break;
              }
      case 2: a++;b++;
   }
   printf("a=%d, b=%d\n",a,b);
}
```

解 本题要求的知识点是break语句及其在switch语句中的作用。break语句出现在switch语句中时，其作用是使程序跳出它所在的 switch 语句结构，转去执行下一条语句。若程序中有 switch 语句的嵌套使用，则 break 语句只能跳出它所在的最内层的 switch 语句结构。

本题程序中的两个 break 语句都在嵌套的 switch 语句的内层 switch(y)语句中，只能跳出内层 switch(y)语句。

程序的执行过程是：switch(x) → case 1: switch(y) → case 0: a++; break; (使变量 a 的值变为 1，并用 break 语句跳出 switch(y)语句) → switch(x)的 case 2: a++; b++; (使变量 a 的值变为 2，使变量 b 的值变为 1) → printf("a=%d, b=%d \n", a, b); → 程序结束。

程序的输出结果为：a=2，b=1。

〖编程题〗

例 4.13 编程从键盘输入某个学生五门课程的成绩，分别存放在整型变量 a、b、c、d、e 中，分别统计出成绩在 95 分或 95 分以上的课程数、成绩在 85 分或 85 分以上的课程数。

分析 本题要求的任务难度不是很大，只要会用 if 语句或 switch 语句，都能编写出符合题目要求的程序。我们在这里给出另一种解法，该程序巧妙地利用了关系表达式的运算结果只能为 0 或 1 的特点，大大地简化了程序的结构。

```
main( )
{
   int  a,b,c,d,e,g85,g95;
   scanf("%d %d %d %d %d",&a,&b,&c,&d,&e);
   g85=(a>=85)+(b>=85)+(c>=85)+(d>=85)+(e>=85);
   g95=(a>=95)+(b>=95)+(c>=95)+(d>=95)+(e>=95);
   printf("g95=%d, g85=%d\n",g95,g85);
}
```

例 4.14 编写程序，先输入一位学生的生日，然后再输入当前的日期，输出该学生的实足年龄。

分析 设 y0、m0、d0 分别用来存放生日的年、月、日；y1、m1、d1 分别用来存放当前日期的年、月、日，则当 m1>m0 时，或者 m1==m0 且同时满足 d1>=d0 时，年龄为：age=y1−y0;，否则，年龄为：age=y1−y0−1。

```
main( )
{
   int  y0,m0,d0,y1,m1,d1,age;
   printf("\nPlease input birthday(yyyy/mm/dd):");
   scanf("%d / %d / %d",&y0,&m0,&d0);
   printf("\nPlease input current day(yyyy/mm/dd):");
   scanf("%d / %d / %d",&y1,&m1,&d1);
   if((m1>m0)||(m1==m0 && d1>=d0))
      age=y1-y0;
   else
      age=y1-y0-1;
   printf("age=%d \n",age);
}
```

例 4.15 输入 3 个边长 a、b、c，判断它们是否能构成三角形，若能构成三角形，则进一步判断此三角形是否为等边三角形或等腰三角形或直角三角形。

分析 作为一个三角形的 3 条边，其任意两边的长度之和都应大于第三边。若要判断任意的 3 条边 a、b、c 能否构成三角形，只需要判断 3 个关系表达式 a+b>c、a+c>b 和 b+c>a 能否同时满足即可。要同时满足多个条件，应该用逻辑与运算。若要判断一个三角形是否为等边三角形或等腰三角形，只要看它们的边长有几个是相等的即可；若要判断一个三角形是否直角三角形，就要看这 3 条边中是否存在一条边长的平方值正好等于其他两条边的平方之和，即 3 个关系表达式：a*a=b*b+c*c、b*b=a*a+c*c 和 c*c=a*a+b*b 中只要有一个能成立即可。若要满足多个条件中某一个条件，应该用逻辑或运算(注：因等腰直角三角形的边长中肯定有一个为无理数，故本题未考虑等腰直角三角形)。

```
main( )
{
  int a,b,c,n3;
  scanf("%d %d %d",&a,&b,&c);
  if(a+b>c&&a+c>b&&b+c>a)
  {
    n3=(a==b)+(b==c)+(a==c);
    if(n3==3)
      printf("等边三角形\n");
    else if(n3==1)
          printf("等腰三角形\n");
        else if(a*a==b*b+c*c||b*b==a*a+c*c||c*c==a*a+b*b)
              printf("直角三角形\n");
            else
              printf("一般三角形\n");
  }
  else
  printf("不能构成三角形\n");
}
```

例 4.16 某商场给予顾客购物的折扣率如下：

购物金额<200 元	不打折
500 元>购物金额>=200 元	9 折
1000 元>购物金额>=500 元	8 折
购物金额>=1000 元	7.5 折

输入一个购物金额，输出打折率、购物实际付款金额。

分析 本题算法比较简单，只需学会用 if 语句或 switch 语句构成多分支结构的程序即可实现。在程序中首先根据购物金额确定出折扣率，然后再按要求输出相应的数据。下面分别用 if 语句和 switch 语句两种方法来构造多分支结构的程序。

解法 1 用 if 语句实现：

```
main( )
{
  float  s,t;
```

```
  printf("\nPlease input amount:");
  scanf("%f",&s);
  if(s<200)
     t=1.0;
  else if(x<500)
         t=0.9;
      else if(x<1000)
             t=0.8;
           else
             t=0.75;
  printf("应付金额:%.2f  折扣率:%.2f  实际付款金额%.2f \n",s,t,s*t);
}
```

解法 2 用 switch 语句实现:

```
main( )
{
   float  s,t;
   printf("\nPlease input amount:");
   scanf("%f",&s);
   switch((int)(s/100))
   {
      case 0: case 1: t=1.0;break;
      case 2: case 3: case 4: t=0.9;break;
      case 5: case 6: case 7: case 8: case 9: t=0.8;break;
      default: t=0.75;
   }
   printf("应付金额:%.2f  折扣率:%.2f  实际付款金额%.2f \n",s,t,s*t);
}
```

注意: switch 语句中的表达式不能为实数型

如果不想在 switch 语句中使用 break 语句，可将程序改为如下形式:

```
main( )
{
   float  s,t;
   printf("\nPlease input amount:");
   scanf("%f",&s);
   t=1.0;
   switch((int)(s/100))
   {
      default: t=t-0.05;
      case 5: case 6: case 7: case 8: case 9: t=t-0.1;
      case 2: case 3: case 4: t=t-0.1;
      case 0: case 1:
```

```
    }
    printf("应付金额:%.2f  折扣率:%.2f  实际付款金额%.2f \n",s,t,s*t);
}
```

第 5 章　循环结构程序设计

5.1　学 习 要 求

掌握 while 语句、do-while 语句和 for 语句的使用；掌握循环嵌套的运用；掌握设计循环程序的递推法和穷举法；掌握分析、调试循环程序的方法。

了解 goto 语句的作用和用 goto 语句构成循环结构的方法；了解 break 语句和 continue 语句在循环体中的作用。

基本要求　能够正确地理解和描述控制循环的表达式，能够正确地使用 for、while 和 do-while 这 3 种循环来解决实际问题。

5.2　内 容 要 点

【知识点】

(1) goto 语句的作用是把程序的执行转移到某个语句标号所在的位置。goto 语句并不符合结构化程序设计的原则，一般应尽量避免使用。通常用 goto 语句与 if 语句配合构成条件转移语句，用来实现构成循环或跳出循环等功能。

(2) while 语句的一般形式：

```
while(表达式)
      循环体语句
```

用于控制循环的表达式通常是一个关系表达式或逻辑表达式，但也可以是其他任意合法的 C 表达式。当表达式的值为非零时，理解为满足循环继续进行的条件；当表达式的值为零时，结束循环。循环体语句可以是一个简单的 C 语句，也可以是一个复合语句。在循环体语句中应该包含能够使循环趋于结束的操作，以避免出现死循环。

(3) do-while 语句的一般形式：

```
do
    循环体语句
while (表达式);
```

do-while 语句和 while 语句的区别在于 do-while 是先执行循环体语句，后判断循环条件，因此 do-while 至少要执行一次循环体。while 语句和 do-while 语句一般都可以相互改写。另外注意，在 do-while 语句的(表达式)后一定要有一个分号，它是 do-while 语句的结束标志。

(4) for 语句的一般形式：

```
for(表达式 1；表达式 2；表达式 3)
    循环体语句
```

for 语句中的 3 个表达式都可以是任意合法的 C 表达式，各表达式之间必须用“;”隔开。这 3 个表达式都是任选项，都可以省略。但是，当某个表达式被省略掉了以后，它与其他表达式之间的分号不能省略。

在 for 语句中，通常用“表达式 1”来给循环变量(即用来控制循环次数的变量)赋初值或做一些进入循环之前的初始工作；用“表达式 2”来作为判断循环是否结束的条件；用“表达式 3”来修改循环变量的值，使得循环能够趋于结束。由于“表达式 2”常用作判断循环是否结束的条件，虽然可以省略而采用在循环体中使用 goto 语句或 break 语句跳出循环，但并不是一个好方法，故一般不省略表达式 2。

循环体语句既可以是一条简单的语句，也可以是一个复合语句，还可以是只有一个分号的空语句。

(5) 在一个循环语句的循环体内又完整地包含了另一个循环语句，称为循环嵌套。各种形式的循环可以互相嵌套，循环的嵌套可以多层，但每一层循环在逻辑上必须是完整的。为了增加可读性，在书写循环嵌套时，最好采用缩进的方式。

(6) break 语句在 while、do-while 或 for 语句中的作用是使程序终止循环，跳出循环结构。通常 break 语句总是与 if 语句配合使用，即当满足某个给定的条件要求时便跳出循环。

continue 语句只能在 do-while、for 和 while 循环语句中使用，其作用是提前结束多次循环中的某一次循环，即跳过本次循环中余下的尚未执行的部分循环体语句，提前进行下一次循环的循环条件判定。

在某个循环的循环体内还可以用 goto 语句跳出这个循环，这时 goto 语句也要与 if 语句配合使用，即当满足某个给定的条件要求时便跳出循环。但要注意，C 语言不允许用 goto 语句把程序的运行从某个循环的循环体外转移到循环体内。

(7) “穷举法”也称为“枚举法”或“试凑法”，即采用循环结构将求解某一个问题的所有可能出现的情况一一进行测试，判断是否满足给定的已知条件。

(8) “递推法”又称为“迭代法”，其基本思想是把一个复杂的计算过程转化为简单过程的多次重复。每次重复都是在一个或多个已知的值的基础上递推出一个新值，并由新值代替其中的某个旧值后再重复上述递推过程。

【重点】

(1) while 循环、do-while 循环及 for 循环的构成、执行过程及使用方法。

(2) 循环嵌套的执行过程及嵌套的使用方法。

(3) 典型的算法及其用循环的实现，如：累加、阶乘、穷举法、递推法等。

【难点】

(1) for 循环使用时的灵活性，如：表达式的缺省及其处理、循环体是空语句等。

(2) 多重循环(即循环嵌套)的使用。

(3) break 语句和 continue 语句的作用的区别。

【典型错误分析】

(1) 控制循环的表达式有错误。

例如，程序的功能是计算 $s=1+3+5+7+\cdots+99$。

```
main( )
{
  int i,sum;
```

```
i=1;sum=1;
do
{
  i=i+2;
  sum=sum+i;
} while(!(i=99));
printf("sum=%d\n",sum);
}
```

表达式!(i=99)的值固定为 0。应更正为：!(i==99)，或 i!=99，或 i<99

(2) 控制循环的表达式不完全正确，从而使循环体多执行了一次或者少执行了一次。例如，程序的功能是计算 s=1+3+5+7+…+99。

```
main( )
{
 int  i,sum;
 i=1;
 sum=1;
 while(i<=99)
 {
   i=i+2;
   sum=sum+i;
 }
 printf("sum=%d\n",sum);
}
```

表达式 i<=99 不完全正确，使得循环被多执行一次。应更正为：i<99

(3) 在用 do-while 语句描述直到型循环结构时，其循环表达式的描述方法未作适当地转换而直接使用。

例如，程序的功能是计算级数 $S_N=\frac{2}{1}+\frac{3}{2}+\frac{4}{3}+\cdots+\frac{N+1}{N}$ 的前 N 项之和 S_N，直到 S_{N+1} 的值大于 50 为止。

```
main( )
{
   int  n;
   double s,t;
   n=0;s=0;
   do
   {
     n++;
     s=s+(n+1.0)/n;
   }while(s>50);
   s=s-(n+1.0)/n;
   n--;
   printf("s(%d)=%f \n",n,s);
```

在这里应将 s>50 转换为 s<=50

```
}
```

(4) 在 for 语句中的 3 个表达式之间错误地用逗号来分隔。

例如，程序的功能是计算 s=1+3+5+7+…+99。

```
main( )
{
   int  i,sum=0;
   for(i=1,i<=99;i=i+2;)          ← 逗号应更正为分号,最后的分号应删除
     sum=sum+i;
   printf("sum=%d\n",sum);
}
```

(5) 在 for 语句或 while 语句的循环体之前加了不必要的分号。

例如，程序的功能是求某个正数 a 的平方根，迭代公式为：$x_1 = 0.5\times\left(x_0+\dfrac{a}{x_0}\right)$。

```
#include <math.h>
main( )
{
  double a,x0,x1;
  scanf("%lf",&a);
  x0=a/2;
  x1=(x0+a/x0)/2;
  while(fabs(x1-x0)>0.00001);     ← 这里的分号使 while 语句的循环体成为一条空语句，构成死循环，应去掉此分号
  {
     x0=x1;
     x1=(x0+a/x0)/2;
  }
  printf("sqrt(%f)=%f \n",a,x1);
}
```

(6) 当循环体是由多个语句组合而成的复合语句时，忘了加花括号。

例如，程序的功能是计算 s=1+3+5+7+…+99。

```
main( )
{
  int  i,sum;
  i=1;sum=0;
  while(i<=99)
     sum=sum+i;
     i=i+2;                       ← 这两个语句应该用一对花括号括起来。否则 i=i+2;不在循环体中，使得循环是一个无法结束的死循环
  printf("sum=%d\n",sum);
}
```

5.3 典型例题分析

〖选择题〗

例 5.1 下列程序段是由 while 语句构成的循环，其循环体语句执行的次数是(　　)。

```
int k=1;
while(k=1)
   k=k+8;
```

A. 无限次　　　　　　　　　　　　B. 有语法错误，不能执行

C. 一次也不执行　　　　　　　　　D. 执行一次

解 本题要求能够正确地理解控制循环的表达式的形式，并根据表达式的取值范围确定循环的执行次数。控制循环的表达式在语法上可以是任意合法的 C 表达式，本题中为一个赋值表达式，其值始终为 1。

因此，正确答案为选项 A。

例 5.2 下列程序的输出结果是(　　)。

```
main( )
{
   int x=5;
   while(x<=16)
   {
      x++;
      if(x%4==0)
         printf("%d  ",x);
      else
         continue;
      if(x%3==0) break;
   }
   printf("%d ",x);
}
```

A. 8　9　　　　B. 8　12　16　17　　　　C. 6　　　　D. 8 12 12

解 本题要求了解 break 语句和 continue 语句在循环体中的作用方式。

当 x 的值为 6、7、9、10、11 时，执行 continue 语句，即跳过第 2 个 if 语句直接进入下一次循环；当 x 的值为 8 时，输出一个整数 8，跳过 continue 语句，执行第 2 个 if 语句，但并不执行 break 语句；当 x 的值为 12 时，输出一个整数 12，并执行第 2 个 if 语句的 break 语句，从而结束整个循环，最后一个语句再一次输出 x 的值 12。

因此，正确答案为选项 D。

例 5.3 下列叙述中正确的是(　　)。

A. do-while 语句的循环体语句至少要无条件地执行一次

B. while 语句的循环控制表达式只能是关系表达式或逻辑表达式

C. do-while 语句只能作为循环嵌套结构中的内层循环

D. while 语句的循环体语句只能是复合语句

解 本题的关键是掌握几种循环的形式及其作用。

由 while 语句和 do-while 语句的语法可知，两者的循环控制表达式都可以是任意合法的 C 表达式，两者对循环体语句的要求也是一样的，即可以是简单的 C 语句，也可以是复合语句。do-while 语句的执行过程是先执行循环体语句，后求循环控制表达式的值，所以它的循环体语句至少要无条件地执行一次。循环嵌套结构的内层循环只要是被完整地包含在另一个循环的循环体语句之内，任一种形式的循环均可。

因此，正确答案为选项 A。

例 5.4 有关 for 语句，下列说法中正确的是(   )。

A. 表达式 1 只能是赋值表达式

B. 表达式 2 只能是关系表达式

C. 表达式 3 连同它与表达式 2 之间的分隔符“;”一起可以省略

D. 表达式 1、表达式 2、表达式 3 都可以是任意合法的 C 表达式，而且都可以省略

解 本题的关键是掌握 for 语句的格式及其各表达式的形式和作用。

在 for 语句中，通常用“表达式 1”来给循环变量赋初值；用“表达式 2”来作为判断循环是否结束的条件；用“表达式 3”来修改循环变量的值，使得循环能够趋于结束。但这只是人们的习惯用法，并不是语法规定的，所以选项 A 和选项 B 是错误的。表达式 1、表达式 2、表达式 3 都可以省略，但它们之间的分隔符“;”不能省略。

因此，正确答案为选项 D。

〖**填空题**〗

例 5.5 执行语句 for(x=1; x++<5;);后，变量 x 的值是________。

解 本题中 for 语句的表达式 3 被省略了，而且循环体语句还是一个空语句，但这些并不影响 for 循环的正确执行。本题的关键是表达式 2 中的 x++，在求解表达式 2 的值时，应先取 x 的值，并看它是否小于 5，求出关系运算的结果，并以这个结果作为表达式 2 的值，最后才把 x 的值加 1。由此得出这个 for 循环语句的执行过程是：第 1 次循环时 1<5，之后把 x 的值加 1，然后执行循环体语句(空语句)；第 2 次循环时 2<5，x 的值变为 3，然后执行循环体语句(空语句)；第 3 次循环时 3<5，x 的值变为 4；第 4 次循环时 4<5，x 的值变为 5；第 5 次循环时 5<5 的结果为 0，x 的值变为 6，不执行循环体语句(空语句)，循环结束。

答案 6。

例 5.6 下列程序的功能是利用公式 $\frac{\pi^2}{6} \approx \frac{1}{1^2}+\frac{1}{2^2}+\frac{1}{3^2}+\frac{1}{4^2}+\cdots+\frac{1}{n^2}$ 求π的近似值，直到最后一项的值小于 10^{-10} 为止。请填空。

```
#include <math.h>
main( )
{
   long  x=0;
   double  pi=0,t=0;
   do
   {
```

```
    x=x+1;
    t=______;
    pi=pi+t;
  }while(t>=1.0e-10);
  pi=sqrt(pi*6);
  printf("pi=%f \n",pi);
}
```

解 本题的关键是如何将公式正确地表示为循环体中的语句及如何正确地理解和运用控制循环的表达式。这个题目有一个错误陷阱，使读者很容易根据题意直接得到答案为表达式：1/(x*x)，但这个答案是错误的。因为 x 是长整型变量，第 2 次循环时求得 t 的值为：1/(2*2)=0，即两个整型数相除的结果也是整型数，while 循环在此结束。

答案 1.0/(x*x)。

例 5.7 下列程序是用“辗转相减法”求两个正整数的最大公约数。该算法的基本思路是：不断地用两个数中的大数减去小数，直到两个数相等时即为求得的最大公约数。请填空。

```
main( )
{
  int m,n;
  scanf("%d %d",&m,&n);
  printf("gcd (%d, %d)=",m,n);
  while(____①____)
  {
    while(m>n)
      m=m-n;
    while(____②____)
      n=n-m;
  }
  printf("%d\n",m);
}
```

解 本题的关键还是如何正确地理解和运用控制循环的表达式。根据题意，第 1 个 while 语句的循环控制表达式应为：m!=n。因为，只要这两个数不相等，就要在循环体内做减法运算。第 2 个 while 语句是第一个 while 循环的内循环语句，其功能是：“如果 m>n，就不断地从 m 中减去 n，直到 m<=n 时为止”。第 3 个 while 语句也是第 1 个 while 循环的一个内循环语句，其功能与第 2 个 while 语句相似，即“如果 n>m，就不断地从 n 中减去 m，直到 n<=m 时为止”。由此得出第 3 个 while 语句的循环控制表达式应为：n>m。

答案 ① m!=n，② n>m。

例 5.8 设鸡兔共有 30 只，鸡脚和兔脚共有 90 个，下列程序是计算鸡兔各有多少只，请填空。

```
main( )
{
  int ji,tu;
```

```
    for(ji=1;____①____;ji++)
    {
      tu=30-ji;
      if(____②____)
        printf ("ji=%d, tu=%d\n",ji,tu);
    }
}
```

解 根据题意，很容易地得出本题的循环控制表达式应为：ji<30，第 2 个空的正确答案应为 2*ji+4*tu==90。但千万不要大意，把答案错写成：2*ji+4*tu=90。表达式中的等号为赋值运算符，有语法错误。这个知识点也是本题的关键。

〖阅读题〗

例 5.9 写出下列程序的输出结果。

```
main( )
{
    int  n1,n2=1234;
    while(n2!=0)
    {
      n1=n2%10;
      n2=n2/10;
      printf("%d",n1);
    }
}
```

解 本题要求的知识点是如何正确地理解控制循环的表达式、整数与整数之间的除法运算和取余运算。程序中 while 语句的循环条件是 n2 不等于零。在循环体内，先求出 n2 除以 10 的余数，并赋值给变量 n1，结果实际上就是 n2 的个位数上的值；然后把 n2 除以 10，并把得到的整数商再赋值给 n2，这样 n2 的数值位数越来越少，使得循环能够趋于结束；最后输出 n1 的值。**注意**，4 次循环中输出的结果在屏幕上是连在一起的。表 5-1 给出了程序执行的过程及每一次循环后在屏幕上的输出结果。

表 5-1　程序执行过程及每一次循环后的输出结果

循环过程	n2	n1	屏幕输出结果
循环之前	1234		
第 1 次循环后	123	4	4
第 2 次循环后	12	3	43
第 3 次循环后	1	2	432
第 4 次循环后	0	1	4321

例 5.10 设从键盘输入：YV?N?↙，写出下列程序的输出结果。

```
#include <stdio.h>
main( )
{
```

```
    char c;
    while((c=getchar( ))!= '?')
      putchar(--c);
}
```

解 本题要求的知识点是如何正确地理解控制循环的表达式、getchar( )函数及键盘缓冲区的概念。程序中 while 语句的循环条件是一个比较复杂的表达式，其求值顺序是先调用 getchar( )函数，从键盘缓冲区中取出一个字符并赋值给变量 c，然后再判断 c 的值是否不是字符'?'。如果结果为 1，则执行循环体语句 putchar(--c);，该语句在输出变量 c 之前，先把 c 的值减去 1，然后才输出字符变量 c 的值。

键盘缓冲区是指在计算机的内存中开辟的一块存储区域，专门用来暂时存储用户从键盘上输入的数据。本题程序在运行时，用户从键盘上输入一个字符 Y 后，getchar( )函数并不能立即得到该字符，而是要等用户输入一行字符并按 Enter 键以后，所输入的一行字符才能真正地进入键盘缓冲区，这时，getchar( )函数才能从键盘缓冲区中取出一个字符，多余的字符留在键盘缓冲区中，等待下一个输入函数取用。表 5-2 给出了程序执行的过程及每一次循环后在屏幕上的输出结果。

表 5-2 程序执行过程及每一次循环后的输出结果

循环过程	putchar 执行前的 c 值	putchar 执行后的 c 值	键盘缓冲区	屏幕输出的结果
循环之前			YV?N?\n	
第一次循环	'Y'	'X'	V?N?\n	X
第二次循环	'V'	'U'	?N?\n	XU
第三次循环	'?'	运行结束	N?\n	XU

例 5.11 写出下列程序的输出结果。

```
main( )
{
   int x,y;
   x=10;y=0;
   do
   {
      x=x+2;
      y=y+x;
      if(y>50)
         break;
   }while(x=14);
   printf("x=%d,y=%d\n",x,y);
}
```

解 本题要求的知识点是如何正确地理解控制循环的表达式及 break 语句在循环控制中的作用。程序中 do-while 语句的循环控制表达式是一个赋值语句，它改变了变量 x 中的值，但表达式的值在每次循环时都是 14。根据 do-while 语句的执行过程，循环操作可能会无限地循环下去，好在循环体语句中有一条 break 语句，当 y 的值大于 50 时，由 break 语句强制退出 do-while 循环。程序的最后一条语句输出变量 x 和 y 的值。表 5-3 给出了程序执行的过程中变量 x 和 y 的值发生变化的情况。

表 5-3　程序执行过程中变量 x 和 y 的值变化的情况

循环过程	循环前 x	循环中 x	循环后 x	y
循环之前		10		0
第一次循环	10	12	14	12
第二次循环	14	16	14	28
第三次循环	14	16	14	44
第四次循环	14	16	16	60
循环结束后		16		60

例 5.12　写出下列程序的输出结果。

```
main( )
{
    int x=5;
    do
    {
      switch(x%2)
      {
        case 0:x--;break;
        case 1:x--;continue;
      }
      x=x-2;
      printf("x=%d\n",x);
    }while(x>0);
}
```

解　本题要求的知识点是 break 语句和 continue 语句在 switch 结构和循环控制中的作用。break 语句不仅可以在 do-while、for 和 while 循环语句中使用，还可以在 switch 语句中使用，其作用是使程序提前终止它所在的语句结构，转去执行下一条语句。若程序中有上述 4 种结构语句的嵌套使用，则 break 语句只能终止它所在的最内层的语句结构。本题程序中的 break 语句只能终止 switch 结构，即跳出 switch 语句，而其后的 continue 语句则只能在 do-while、for 或 while 循环语句中使用，对 switch 语句没有任何影响。

程序的执行过程：

x=5; → switch(x%2) → case 1: x—; continue; → while(x>0);

第 2 次循环时 x 的值为 4，

swith(x%2) → case 0: x—; break; → x=x−2; → printf("x=%d\n", x);输出：x=1 → while(x>0);

第 3 次循环时 x 的值为 1，

switch(x%2) → case 1: x—; continue; → while(x>0); → 程序结束

本题程序的运行结果为：x=1。

〔编程题〕

例 5.13 如果一个数恰好等于它的所有因子之和(除自身外)，则称该数为完全数。例如，6=1+2+3，则 6 就是一个完全数。试编程求 1000 以内的所有完全数。

分析 由于事先无法知道一个变量 x 中会有多少个因子，所以要解决这个问题，只有用穷举法，即穷举出所有可能成为 x 的因子的数：1，2，3，4，…，x/2，一个一个地判断它们是不是 x 的因子，若是，就把它加到和中去，最后再判断所得到的和是否与 x 相等。

```
main( )
{
    int  x,k,sum;
    for(x=1;x<=1000;x++)
    {
      sum=1;
      for(k=2;k<=x/2;k++)
        if(x%k==0)
          sum=sum+k;
      if(sum==x)printf("%5d",x);
    }
}
```

例 5.14 已知一个四位数 a2b3 能被 23 整除，编写程序求此四位数。

分析 题目中四位数的千位和十位都是未知数，用题目给出的已知条件无法求解出这两个未知数，要解决这个问题，只有用穷举法。即千位数所有可能的取值为：1，2，3，…，9，十位所有可能的取值为：0，1，2，3，…，9。用循环结构穷举出所有可能的组合情况，并判断每一种情况是否满足题目的要求，若满足就把它输出。

```
main( )
{
    int a,b,n4;
    for(a=1;a<=9;a++)
      for(b=0;b<=9;b++)
      {
        n4=a*1000+200+b*10+3;
        if(n4%23==0)printf("%6d",n4);
      }
}
```

例 5.15 已知一个数列：A_1=1，A_2=1/(1+A_1)，…，A_n=1/(1+A_{n-1})。试编程求这个数列的第 n 项的值 A_n，n 的值由键盘输入。例如，若 n=10，则 A_n 的值为：0.617977。

分析 本题是一个标准的递推法程序，题目本身就给出了递推公式。

```
main( )
{
    int  n,i;
```

```
    double  A=1.0;
    scanf("%d",&n);
    for(i=2;i<=n;i++)
      A=1/(A+1);
    printf("A(%d)=%f \n",n,A);
}
```

例 5.16 验证结论：任何一个自然数的立方都等于 N 个连续的奇数之和。例如，$2^3=3+5$，$3^3=7+9+11$ 等。要求程序先求出输入的自然数的立方值，再找出并输出与之相应的连续奇数。

分析 题目要求找出若干个连续的奇数，但我们既不知道第 1 个奇数，也不知道有多少个奇数，要解决这个问题，可以用穷举法。即先假定第 1 个奇数为 1，不行的话再假定第 1 个奇数为 3，…，用循环结构穷举出所有可能的第 1 个奇数，并判断每一种情况是否满足题目的要求，直到找到满足题目要求的连续奇数为止。

```
main( )
{
    int  n,i,j;
    long m,k;
    scanf("%d",&n);
    m=n*n*n;
    for(i=1;i<m;i++)
    {
      k=0;
      j=i;
      while(k<m)
      {
        k=k+j;
        j=j+2;
      }
      if(k==m)
      {
        j=i;
        printf("%ld=%d",m,j);
        while(k-j>0)
        {
          k=k-j;
          j=j+2;
          printf("+%d",j);
        }
        break;
      }
    }
```

```
    printf("\n");
}
```

例 5.17 用牛顿迭代法求高次方程 $3x^3-4x^2-5x+13=0$ 的根。

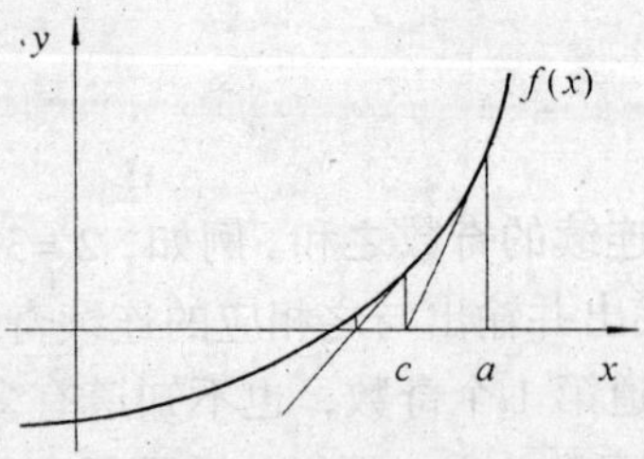

图 5-1 二分法求高次方程的根

分析 牛顿迭代法的递推方法如下：

(1) 输入一个点的 x 坐标值 a。

(2) 求出与之相应的函数值 $f(a)=3a^3-4a^2-5a+13$。

(3) 过点 $(a, f(a))$ 作一条如图 5-1 所示的切线，交 x 轴于点 c。根据牛顿公式，该切线的斜率为点 $(a, f(a))$ 的导函数值，即 $k=f'(a)=9a^2-8a-5$。用点斜式求出该切线与 x 轴的交点为

$$c=a-f(a)/f'(a)$$

(4) 求出 $f(c)$ 的值，若该值小于给定的精度要求，则 c 为求得的近似根，程序结束；否则，用 c 代替 a，并重复上述步骤(2)~(4)，直到求出近似根为止。

```
#include <math.h>
main( )
{
   float  a,c,fa,f1a,fc;
   printf("Enter a:");
   scanf("%f",&a);
   do
   {
     fa=3*a*a*a-4*a*a-5*a+13;
     f1a=9*a*a-8*a-5;
     c=a-fa/f1a;
     fc=3*c*c*c-4*c*c-5*c+13;
     a=c;
   }while(fabs(fc)>0.0001);
   printf("3*x*x*x-4*x*x-5*x+13=0 \nx=%f, f=%f\n",c,fc);
}
```

例 5.18 一辆以固定速度行驶的汽车，清晨司机看到里程表上从左到右的读数和从右到左的读数是相同的，这个数是 95 859。7 个小时后，里程表上又出现了一个新的对称数，问此车的时速是多少？这个新的对称数是什么？假定此车的时速为一整数值，并限定最高时速为 140 千米/时。

分析 考虑到汽车的高速度限制，7 小时后，汽车里程表的最大值为

$$95859+7*140=96839$$

即它的最高位和最低位不可能发生变化，我们用穷举法对从 95 859~96 839 之间的每一个符合上述条件的数一一进行测试，其中总有一个是我们要求得的结果。

```
main( )
{
   int  d2,d4;
   long s;
```

```
  for(s=95859;s<=96839;s=s+10)       /* 最低位因与最高位相同，不可能发生变化 */
  {
    d2=(s/10)%10;
    d4=(s/1000)%10;
    if(d2==d4&&(s-95859)%7==0)        /* 时速为一整数值 */
      printf("V=%ld, S=%ld \n",s/7,s);
  }
}
```

例 5.19 爱因斯坦的阶梯问题：设有一阶梯，每步跨 2 阶，最后余 1 阶；每步跨 3 阶，最后余 2 阶；每步跨 5 阶，最后余 4 阶；每步跨 6 阶，最后余 5 阶；每步跨 7 阶时，最后正好到达阶梯顶。问共有多少阶梯?

分析 由已知条件："每步跨 2 阶，最后余 1 阶"可知，阶梯数为奇数；由"每步跨 7 阶时，最后正好到达阶梯顶"可知，阶梯数为 7 的倍数。综合以上两个已知条件，阶梯数应为 7 的奇数倍数。这时可以用穷举法对所有可能的数：7，21，35，49，…一一进行测试，其中总有一个是我们要求得的结果。

```
main( )
{
   int n=7;
   while(n%3!=2||n%5!=4||n%6!=5)
     n=n+14;
   printf("%d\n",n);
}
```

例 5.20 编写程序，求 s=aa…aa−aa…aa−aa…aa…−aaa−aa−a，式中第 1 项的值为 n 个 a，第 2 项的值为 n−1 个 a，第 3 项的值为 n−2 个 a，…依此类推，最后一项的值为 a，n 和 a 的值均在 1~9 之间。如 n=6，a=3，则 s=333333−33333−3333−333−33−3，其值为 296 298。

分析 本题适合用递推法来设计程序，将公式中的 n−1 个减数放在循环体内用递推法推导出来，递推公式为：$t_n=t_{n-1}*10+a$，同时求出它们的累加和；退出循环之后，再推导出被减数，并做一次减法运算。即将题目中的公式转化为

s=aa…aa−(a+aa+aaa+aaaa+…+aa…aa)

式中第 1 项的值为 n 个 a，括号中第 1 项的值为 a，第 2 项的值为 aa，最后一项的值为 n−1 个 a。

注意：n 的值不能大于 15，因为双精度实数最多只能有 15 位的有效数字。

```
main( )
{
   int a,n,i;
   double s=0,t=0;
   printf("input a,n:");
   scanf("%d,%d",&a,&n);
   for(i=1;i<=n-1;i++)
   {
```

```
        t=t*10+a;
        s=s+t;
      }
      t=t*10+a;
      s=t-s;
      printf("s=%15.0f \n",s);
}
```

第6章 数 组

6.1 学 习 要 求

掌握数组的定义和数组元素的引用方法；掌握数组初始化的方法；掌握字符数组与字符串之间的关系；掌握字符数组(字符串)输入输出的方法；掌握字符串的处理函数。

了解数组的逻辑结构和存储结构。

基本要求 能够熟练地阅读有关数组应用的程序，能够编写有关数组应用的常用算法程序。

6.2 内 容 要 点

【知识点】

(1) 数组是具有相同类型的若干个有序数据的集合。

(2) 数组必须先定义，后引用。

(3) 数组的大小不能进行动态定义。

(4) 数组元素在内存中是按顺序连续存放的。一维数组的元素是按下标递增的顺序存放；二维数组中元素排列的顺序是按行存放；多维数组的元素仍是连续存放，且其最右边的下标变化最快。

(5) 数组名不代表数组的全部元素，而是数组所分配的一串连续的内存空间的首地址。

(6) 数组的引用除了在函数调用时，作为参数可以直接引用数组名外，其他情形下，只能对数组的元素进行引用。通常情况下，数组元素的引用是与循环语句相配合的。

(7) C语言中，数组的下标是从0开始的，最大值是定义中相应维的长度减1。C的编译器不进行下标越界检查，使用时一定要注意下标不要超出定义的范围。

(8) 在定义数组的同时，可以对数组进行初始化。一维数组是连续书写，二维数组可以按行书写，也可以连续书写，按存储顺序一一对应。初始化时初值的个数可以不足，后面未给出的元素自动补以初值 0。当所赋初值的个数与数组定义的大小一致时，一维数组可以省略定义大小，二维数组可以省略第一维的大小。

(9) 字符数组就是元素为字符型的数组。字符数组可以存放字符串(即以'\0'为结束标记的一串字符)，也可以存放任意其他字符。

(10) 在scanf、printf函数中可以采用%s格式对字符串进行整体输入、输出；也可以采用gets、puts函数对字符串进行整体输入、输出。

(11) C的函数库中提供了一些用来处理字符串的函数，使用时要包含头文件string.h。

【重点】

(1) 各类数组的定义、引用及初始化。

(2) 用字符数组来处理字符串。

(3) 各类数组的实际应用，包括几种典型的算法，如：求最大/最小值、排序。

【难点】

(1) 二维数组的存储结构。

(2) 字符数组与字符串的关系。

(3) 字符串的输入输出。

(4) 字符串处理函数 strcpy、strcat、strcmp 的正确应用。

【典型错误分析】

1. 数组定义不正确

例如，题目中经常出现对一批数进行处理，而又没有明确指定这一批数的个数的问题。这时初学者往往不知如何定义数组的大小，而采用以下形式的定义：

```
int n;
scanf("%d",&n);
int a[n];
```

这是对数组的动态定义，是 C 语言中不允许的。C 语言要求在定义数组时，必须明确指定数组大小，以便于分配所需的存储空间。对于这种问题，可以采取下面的方式：

```
#define N 10
int a[N];
```

即先定义符号常量 N 为 10，下面的数组定义语句就是合法的。如果要调整数组的大小，只需要改变符号常量 N 即可。这样既满足语法要求，又能符合题目要求。

2. 数组引用不正确

(1) 错误地认为数组名代表数组的所有元素而直接通过数组名去引用数组的全部元素。

(2) 引用数组元素时，不注意下标的取值范围，使得下标越界。由于 C 语言中数组元素的下标形式可以是整型常量、整型变量或整型表达式。当为整型变量，特别是整型表达式时，往往难以确定其值，结果在程序运行时，有可能造成下标超出规定的范围，而出现错误的结果。

3. 二维数组的逻辑结构不清

二维数组的引用有两个下标变化，通常情况下与二重循环配合使用。由于不清楚二维数组的逻辑结构，在实际使用时，特别在输入输出时，不知道控制行、列下标变化的二重循环的循环语句如何设计。事实上，当按行输入输出时，把控制行变化的循环作为外循环，把控制列变化的循环作为内循环；而当按列输入输出时，则把控制列变化的循环作为外循环，把控制行变化的循环作为内循环。

例如，下列程序段就是按列输入，按行输出。

```
int i,j;
int a[3][4];
for(j=0;j<4;j++)                              /* 外循环控制列的变化 */
```

```
    for(i=0;i<3;i++)                    /* 内循环控制行的变化 */
        scanf("%d",&a[i][j]);
 …
 for(i=0;i<3;i++)                       /* 外循环控制行的变化 */
 {
    for(j=0;j<3;j++)                    /* 内循环控制列的变化 */
        printf("%d",a[i][j]);
    printf("\n");                       /* 每行输出完后换行 */
 }
```

设此二维数组为

```
1   2   3
4   5   6
7   8   9
```

则按程序的要求，输入形式可为

```
1   4   7   2   5   8   3   6   9↙
```

输出的结果为

```
1 2 3
4 5 6
7 8 9
```

4. 字符数组与字符串的关系不清

在 C 语言中，通常将字符串作为字符数组来处理，是因为字符数组中可以存放字符串，但二者是有区别的。

(1) 字符数组可以存放字符串，也可以存放不是字符串的其他任意字符，所以说字符串只是字符数组应用的一种特例。

(2) 在定义字符数组时，系统根据定义的大小，开辟所需的存储空间，数组名代表其首地址，在程序中可以存放不大于定义长度的任何一串字符，这串字符是可以改变的。字符串同样也要在内存中占用一串连续的存储空间，当然也有一个首地址，这个首地址是用字符串本身来表示的，这块存储空间的内容不能改变。

(3) 数组中存放字符串后，字符串的实际长度('\0'前的字符个数)总是小于数组的定义长度。如

```
char c[10]="string";
int l;
l=strlen(c);
```

则 l 的值为 6，而不为 10。

5. 字符型数据(字符串)的输入/输出方式不正确

当输入数据中既有字符型又有其他数值型时，数据间的间隔符(空格)如何设置往往不是很清楚，造成不能得到正确的数据。如有程序段：

```
int a,b;
```

```
char c,d;
float e,f;
scanf("%d%c%f%d%c%f",&a,&c,&e,&b,&d,&f);
```

若输入形式为

```
11 a 33.0 22 b 44.0↙
```

则只有变量 a 得到了正确值，其他的变量均得不到正确的数据。应采用如下输入形式：

```
11a 33.0 22b 44.0↙
```

即当下一个数据是字符时，与前一个数据间不加间隔符，当下一个数据是数值时，应加间隔符。

当用 scanf 函数采用%s 格式输入多个字符串时，字符串之间要有间隔符。而当一个字符串中本身含有空格时，则采用 scanf 函数只能得到空格之前的字符，这时要采用 gets 函数才能得到整个字符串。如程序段：

```
char a[20];
scanf("%s",a);
```

若输入为

```
this is a string↙
```

则 a 中只得到"this"。如果将 scanf 函数改为 gets 函数实现，即 gets(s);，则 a 中就可以得到"this is a string"。

6.3 典型例题分析

〖选择题〗

例 6.1 以下对数组的定义和初始化，正确的是(　　)。

A. int a[ ]="string";　　　　B. int a[5]={0, 1, 2, 3, 4, 5};

C. char a="string";　　　　D. char a[ ]={0, 1, 2, 3, 4, 5};

解 本题的关键是掌握数组定义和初始化中的一些基本概念和要求。

选项 A 中，定义的数组是 int 型，而初始化的值是字符串，二者不一致，故选项 A 不正确；选项 B 中，数组的定义和初始化的值都是 int 型，但初值的个数多于数组定义的大小，故选项 B 也不正确；选项 C 中，a 被定义为字符型变量，但赋的初值是一字符串，所以选项 C 不正确；选项 D 中，a 被定义为字符数组，没有指定数组大小，可以通过所赋初值的个数来确定数组的大小，在初值表中虽然用的是整型数据，但可把它们作为 ASCII 代码值来看待，实际上也就是把它们作为字符。

因此，正确答案为选项 D。

例 6.2 以下不能对二维数组 a 进行正确初始化的语句是(　　)。

A. int a[2][3]={0};　　　　B. int a[ ][3]={{1,2},{0}};

C. int a[2][3]={{1,2},{3,4},{5,}};　　　　D. int a[ ][3]={1,2,3,4,5,6};

解 本题的关键是掌握二维数组初始化的方法和要求。

选项 A 中，初值表只显式写出了一个 0，系统会按照数组定义的大小自动给后面元素补以初值 0，故选项 A 能正确进行初始化；选项 B 中，初始化的形式采用了按行书写方式，由行括号对的个数来确定第一维的大小为 2，每行 3 个元素，虽然没有显式写出 3 个初值，同样系统会自动补齐，故选项 B 也能正确进行初始化；选项 C 中，a 被定义为 2 行 3 列的二维数组，初始化采用按行书写方式，但却用了 3 个行括号对，与定义的行数不一致，故选项 C 不能正确进行初始化；选项 D 中，a 被定义为二维数组，第一维的大小(即行数)缺省，这时通过所赋初值的个数可以确定行数为 2，所以选项 D 能正确进行初始化。

因此，正确答案为选项 C。

例 6.3 以下对字符数组的定义和初始化，错误的是(　　)。

A. char word[ ]={'T', 'u', 'r', 'b', 'o', '\0'};

B. char word[ ]={"Turbo\0"};

C. char word[ ]="Turbo \0";

D. char word[ ]='Turbo\0';

解 本题的关键是掌握字符数组初始化的方法和要求。题目的本意是将字符串“Turbo”存入字符数组 word 中。

选项 A 中，初始化的方式是采用逐个字符书写的形式，最后加上一个'\0'，这样可以达到要求，故选项 A 是正确的；选项 B 中，初始化的值直接是字符串，C 语言中，在字符串的末尾要自动加上一个结束标记'\0'，这样在 Turbo 的后面就多出了一个显式写出的'\0'，但这并不是错误的，无非是字符数组的大小为 7，故选项 B 是正确的；选项 C 与选项 B 的原理相同，只不过是初始化的值未用花括号引起来，这是允许的，故选项 C 也是正确的；选项 D 中，初始化的值用单引号引起来，它既不是字符串，也不是合法的字符，所以，选项 D 是不正确的。

因此，正确答案为选项 D。

例 6.4 下列程序中有错误的行是(　　)。(程序每行前面的数字表示行号)

```
1  main( )
2  {
3    int a[3];
4    int i;
5    for(i=0;i<3;i++)
6      scanf("%d",&a[i]);
7    for(i=0;i<3;i++)a[0]=a[0]+a[i];
8    printf("a=%d\n",a);
9  }
```

A. 3　　B. 6　　C. 8　　D. 7

解 本题的关键在于掌握数组的引用方式。

在 C 语言中，除了数组名作为函数参数时可以直接引用数组名外，其他情形只能对数组的元素进行引用。由于数组名代表数组的首地址，而不代表数组的全部元素，在程序的第 8 行调用 printf 函数时使用数组名 a 试图输出数组的全部元素值是错误的。

因此，正确答案为选项 C。

〖**填空题**〗

例 6.5 下列程序以每行 4 个数据的形式输出 a 数组，请填空。

```
#include N 20
main( )
```

```
{
  int a[N],i;
  for(i=0;i<N;i++)
    scanf("%d",___①___);
  for(i=0;i<N;i++)
  {
    printf("%3d",a[i]);
    if(___②___) ___③___;
  }
  printf("\n");
}
```

解 本题是考察一维数组的引用，第 1 个空是利用循环来完成对数组 a 的各元素的输入，所以①应填&a[i]；第 2 个空和第 3 个空都是在实现输出操作的循环中，题目要求每行输出 4 个数据，即每输出 4 个数据后要输出一个换行，所以②应填(i+1)%4==0，③应填 printf("\n")。

如果将输出的程序段改为

```
for(i=0;i<N;i++)
{
  if(___②___) ___③___
  printf("%3d",a[i]);
}
```

即先控制换行，后输出数据，则②可填为 i%4==0，③仍填 printf("\n")。

例 6.6 下列程序的输出结果是________。

```
#include <stdio.h>
main( )
{
  int a[3][3]={1,2,3,4,5,6,7,8,9};
  int i,s=1;
  for(i=0;i<=2;i++)
    s=s*a[i][i];
  printf("s=%d\n",s);
}
```

解 本题是考察二维数组的应用。

程序中，a 被定义为 3×3 的一个方阵，二维数组在内存中是按行顺序存放的。在循环中，a 数组的行、列下标取相同值，即将方阵的对角线元素相乘，所以输出结果为 45(即 1×5×9 的积)。

例 6.7 下列程序段将输出 computer，请填空。

```
char c[ ]="It is a computer";
int i,j;
for(i=0;___①___;i++)
{
```

```
    ②
    printf("%c",c[j]);
}
```

解 本题是考察字符数组的应用。

程序中，在定义字符数组的同时初始化其值为字符串“It is a computer”，而只要求输出该串的后面 8 个字符(即 computer)，循环语句中循环变量从 0 开始，要输出 8 个字符，就必须循环 8 次，所以①应填 i<=7；第 2 个空是要确定输出的字符在字符串中的位置，相对于变量 i 来说，输出的字符要在后 8 个字符，所以②应填 j=i+8。另：①还可以填为 c[i+8]!='\0'。

例 6.8 下列程序执行时输入 Language Programming↙ 的结果是________。

```
#include <stdio.h>
main( )
{
    char str[30];
    scanf("%s",str);
    printf("str=%s\n",str);
}
```

解 本题比较简单，但它考察了一个知识点，就是在 scanf 函数中采用%s 格式输入字符串时，若字符串中出现空格，则将空格作为字符串间的间隔符，而不作为字符串的有效字符，这样空格后的字符不再被读入，str 中只得到了字符串“Language”，所以程序运行的结果是 str=Language。

〖编程题〗

例 6.9 用冒泡排序法对 N 个整数进行由小到大的排序，并输出排序结果。

分析 冒泡法又称沉底法。其基本思想是通过对相邻数据的比较和交换，使全部数据排列有序。假定待排序的 N 个数存放在数组 a[0]~a[N−1]中，其排序过程如下：

(1) 从 a[0]~a[N−1]，将相邻的两个数两两进行比较，即 a[0]和 a[1]比，a[1]和 a[2]比，…，a[N−2]和 a[N−1]比。

(2) 在每次比较过程中，若前一个数比后一个数大，则对调两个数。经过 N−1 次比较后，N 个数中的最大数已放入 a[N−1]中，即完成了第一趟排序。

(3) 重复上述过程，将 a[0]~a[N−2]中最大的数放入 a[N−2]，接着再把 a[0]~a[N−3]中最大的数放入 a[N−3]，…，最后把 a[0]~a[1]中的大数放入 a[1]中。每重复比较一次，比较的范围就缩小一个位置，抛掉刚找出的最大数。这样经过 N−1 趟排序就完成了把 a[0]~a[N−1]中的 N 个数由小到大的排序。

下面以 8 个数为例示意冒泡排序的过程，如图 6-1 所示。

```
#define N 10
main( )
{
    int i,j,t a[N];
    printf("Input 10 integer number:\n");
    for(i=0;i<N;i++)
```

```
        scanf("%d",&a[i]);
    for(j=0;j<N-1;j++)              /* 做 N-1 趟排序 */
        for(i=0;i<N-1-j;i++)        /* 从前向后，比较范围为 a[0]~a[N-1-j] */
            if(a[i]>a[i+1])
            {                       /* 对调数据 */
                t=a[i];
                a[i]=a[i+1];
                a[i+1]=t;
            }
    printf("Out New seq:");
    for(i=0;i<N;i++)
        printf("%4d",a[i]);
    printf("\n");
}
```

初始数据：	4	2	3	1	8	6	7	5	
第 1 趟排序：	4	2	3	1	8	6	7	5	(第 1 次)
	2	4	3	1	8	6	7	5	(第 2 次)
	2	3	4	1	8	6	7	5	(第 3 次)
				……					
	2	3	1	4	6	7	5	8	(第 7 次)
第 2 趟排序：	2	1	3	4	6	5	7		
第 3 趟排序：	1	2	3	4	5	6			
第 4 趟排序：	1	2	3	4	5				
第 5 趟排序：	1	2	3	4					
第 6 趟排序：	1	2	3						
第 7 趟排序：	1	2							

图 6-1　冒泡排序过程示意图

从图 6-1 的排序过程中可以看出：对任一组数据(个数为 N)进行排序时，最多要进行 N–1 趟排序。但是，若在某一趟排序中没有数据要对调，则说明待排序的数据已按序排列，因此，冒泡排序过程便可在此趟排序后终止。例如，在图 6-1 中，第 4 趟排序过程已没有数据需要对调，说明此时整个数列已达到有序状态。为此，我们可对上面的程序进行改进，使程序进一步优化。

在下面的程序中，我们引入一个标志变量 noswap，在每趟排序之前，先将它置为 1，假设已排好序。在一趟排序中，一旦发生交换，就将 noswap 赋为 0，这样，在外循环一次结束时，检查 noswap。若 noswap==1 说明内循环一遍过程中，未发生数据交换，排序已完成，便应终止排序，不再进行外循环剩余的部分。

```
#define N 10
main( )
{
    int i,j,t a[N],noswap;
    printf("Input 10 integer number:\n");
    for(i=0;i<N;i++)
```

```
      scanf("%d",&a[i]);
   for(j=0;j<N-1;j++)                    /* 做N-1趟排序 */
   {
      noswap=1;                          /* 置无交换标志 */
      for(i=0;i<N-1-j;i++)
         if(a[i]>a[i+1])
         {                               /* 对调数据 */
            t=a[i];
            a[i]=a[i+1];
            a[i+1]=t;
            noswap=0;                    /* 置交换发生标志 */
         }
      if(noswap)break;                   /* 本趟排序中未发生对调，则终止排序 */
   }
   printf("Out New seq:");
   for(i=0;i<N;i++)
       printf("%4d",a[i]);
   printf("\n");
}
```

容易看出，若初始数据递增有序，则只进行一趟排序，这比前面的程序快了许多；但若初始数据递减有序，则仍需进行N–1趟排序。

例6.10 找出一个二维数组中的鞍点，即该位置上的元素是该行上的最大值，是该列上的最小值。二维数组也可能没有鞍点。

分析 鞍点的查找方法为：用外循环先取定某一行，通过第1个内循环找出该行上各列元素的最大值，并记录下取该最大值的下标，即是第几列上的元素，然后通过第2个内循环在该列上取每一行的元素进行比较，如果该列上所有行的元素都不小于该元素，则该元素就是鞍点。否则再到外循环取另外一行，重复上述过程。若外循环取完全部行并执行完上述的全部过程后，未找到满足条件的结果，说明该二维数组无鞍点。程序中设置了两个标志变量flag1和flag2。如果已找到鞍点，则flag2=1。标志变量flag1用来控制某一行上各列元素的最大值是否是该列上各行元素的最小值，如果是，则flag1=1，否则flag1=0，并表示要提前终止第2个内循环，而去执行外循环，换另外一行去重复上述过程。

```
#define N 10
#define M 10
main( )
{
   int i,j,k,m,n,flag1,flag2,a[N][M],max,maxj;
   printf("\n输入行数n:");
   scanf("%d",&n);
   printf("\n输入列数m:");
   scanf("%d",&m);
```

```
for(i=0;i<n;i++)
{
   printf("第%d行?\n",i);
   for(j=0;j<m;j++)
      scanf("%d",&a[i][j]);
}
for(i=0;i<n;i++)
{
   for(j=0;j<m;j++)
      printf("%5d",a[i][j]);
   printf("\n");
}
flag2=0;
for(i=0;i<n;i++)                                  /* 外循环 */
{
   max=a[i][0];maxj=0;
   for(j=1;j<m;j++)                               /* 第1个内循环 */
      if(a[i][j]>max)
      {
         max=a[i][j];
         maxj=j;
      }
   for(k=0,flag1=1;k<n && flag1;k++)              /* 第2个内循环 */
      if(max>a[k][maxj])
         flag1=0;
   if(flag1)
   {
      printf("\n第%d行，第%d列的%d是鞍点\n",i,maxj,max);
      flag2=1;
   }
}
if(!flag2)
   printf("\n矩阵中无鞍点\n");
}
```

第7章　函　数

7.1　学 习 要 求

掌握函数的概念及其在C语言中的作用；掌握库函数的意义及正确调用方法；掌握函数定义的形式和要求；掌握函数返回值的概念及使用方法；掌握函数调用的形式和对函数调用的要求；掌握函数声明的作用及函数声明的形式；掌握调用函数和被调用函数之间的数据传递的方式与有关规则；掌握函数递归的概念及函数的递归调用方法。

基本要求　能够熟练地阅读有关函数应用的程序，能够利用函数编写有关的应用程序。

7.2　内 容 要 点

【知识点】

(1) 函数是C语言的基本组成单位。一个C程序可以由一个main函数或一个main函数和若干其他函数组成，每个函数各自完成相对独立的部分功能。程序总是从 main 函数开始执行。

(2) 库函数由系统提供，使用时要用#include命令将相关的头文件包含进来。

(3) 函数定义实际上就是在程序中写一个完整的函数(模块)。包括函数首部和函数体的具体实现。

(4) 函数定义时的形参和函数体中定义的变量是在函数被调用时才临时分配存储空间，函数调用结束时，将释放这些存储空间。

(5) 一个函数中，可以有return语句，也可以没有return语句；可以有一个return语句，也可以有多个return语句。return语句可以有表达式，也可以没有表达式。当有return语句且带有表达式时，只能返回一个值；当无return语句或return不带有表达式时，无确定的函数值返回，此时也可将函数定义为void型(无类型或空类型)。

(6) 函数必须先定义，后调用。即被调用的函数必须是存在的。

(7) 调用就是把控制流程转到调用函数中去执行函数的各语句。函数调用时的实参与函数定义时的形参个数应相等、类型应匹配。

(8) 函数声明是告诉系统此函数的返回值类型、参数的个数与类型，便于编译时进行有效的类型检查。函数声明就是将函数定义中的首部作为一条独立的语句(或与其他变量的定义在同一个语句)放在调用函数之前的某一位置上。若函数定义在前，调用在后，则可不进行函数声明。

(9) 当变量作为参数时，是一种单向的“传值调用”方式，即实参的值传递给对应的形参，形参另外分配存储空间，被调用函数中对形参的变化不会影响到实参的值，形参的值也不回传给实参。

(10) 当数组名作为函数参数时，是一种“传址调用”方式。实参数组与形参数组占用相同的存储单元。在被调函数中，形参数组的值发生变化使得实参数组同步发生变化。当函数调用结束后，虽然形参数组已不复存在，但主调函数中可以使用已经改变了的实参数组值。

(11) 函数的定义必须是平行、独立的，即函数的定义不能嵌套，但函数的调用可以嵌套，即一个函数可以调用另一个函数，而另一个函数又可以继续调用其他函数。

(12) 函数可以直接或间接地自己调用自己，这称之为递归调用。递归就是将一个问题经过不断地转化，化为一个较为简单的同类问题，直到可解。递归必须有一个明确的结束条件。

【重点】

(1) 库函数的正确使用。

(2) 函数的定义、调用和声明的方法。

(3) 调用函数和被调用函数之间的数据传递规则。

(4) 函数的递归调用方法。

【难点】

(1) 函数定义、调用和声明三者的关系。

(2) 传值调用、传址调用的含义及使用。

(3) 递归的实现方法。

【典型错误分析】

1. 函数定义时的格式不正确

(1) 函数定义时，函数的首部只写出函数的形参，未写出形参的类型。

(2) 当函数是无参函数时，往往漏写一对圆括号。

(3) 函数的返回值类型不知如何确定而往往不写。

2. 函数调用的形式不清楚

函数调用的形式有两种，在使用时应采用哪一种形式往往不是很清楚。实际上，当函数中 return 语句带有表达式时，函数的调用是以表达式出现，此时函数的调用可以出现在允许表达式出现的任何地方。当函数中 return 语句不带表达式或函数中无 return 语句时，此时函数调用是作为一个独立的语句出现。

3. 函数调用的格式不正确

函数调用时，出现实参与形参在个数上不相同、类型不一致的情况。在有的编译系统中，虽然系统能自动地作些处理，但往往得不到正确的结果。

4. 函数声明的作用和用法不清

在 C 语言中，要求函数的定义在前，调用在后。反之，若调用在前，定义在后时，则要通过函数声明来通知编译系统有关函数的一些信息，即函数的类型、参数的个数与类型等，以便编译系统在编译有关函数调用时能进行有效的类型检查。而初学者往往在编写程序时喜欢将主函数写在前面，被调用函数写在后面，这时如果未在调用之前进行函数声明的话，系统会认为是错的。当函数的类型是 int 或 char 时，可以缺省函数声明。但若函数是有参函数，为了能使系统对参数的个数和类型进行有效检查，最好也进行函数声明。

函数声明就是将函数定义中的首部作为一条独立的语句(或与其他变量的定义在同一个语句)放在调用函数之前的某一位置，可以是在主调函数中，也可以是在所有函数的前面。函数声明时，函数首部中的形参名字可以缺省，只保留形参的类型。

5. 调用函数与被调函数之间的数据传递关系不清

当变量作为参数时，不能理解数据传递的“单向性”，企图利用虚实结合从被调函数将改变了的形参值带回到实参，事实上这是做不到的。被调函数只能通过 retuen 语句带回一个值到主调函数。当数组作为参数时，如果从传递的角度来看，仍然是一种单向传递，即把实参数组的首地址传递给形参数组作为首地址，只不过由于此时形参数组与实参数组的首地址相同，而占用相同的一段存储空间，使得改变形参数组元素的值就是对实参数组元素值的同步改变。虽然当函数调用结束后，形参数组已不复存在，但改变了的实参数组元素的值仍然有效，可以在主调函数中进行使用。

6. 使用递归的方法不当

(1) 当问题中没有明确给出递推公式时，因找不出规律，而无法实现递归。

(2) 有递推公式，这时既可以用递推方法，又可以用递归方法，但二者的出发点有所不同：递推是不断由已知值去求得未知值，直到得到结果为止，如有了1!后，就可以用1!*2 得到 2!，然后又由 2!*3 得到 3!，如此继续，可以得到 4!，5!，…；而递归则是在求一个未知值的时候所用到的仍然是一个待求的值，如求 5!，它等于 5*4!，事实上 4!仍然待求，4!又等于 4*3!，如此下去，直到求出 1!后，再递推出 2!、3!、4!，一直到 5!，此时才能得到最后的结果。

(3) 有了明确的递推公式，在转换成递归程序时，未作任何处理直接使用。如斐波那契计算公式：

$$f_n=\begin{cases}1, & n=1,\ 2\\ f_{n-1}+f_{n-2}, & n\geqslant 3\end{cases}$$

即从第 3 项开始，每项的值等于前 2 项之和。很容易用递归来实现这个计算。如可将函数写成

```
fib(int n)
{
   int t;
   if(n==1||n==2)
      return 1;
   else
   {
      t=fib(n-1)+fib(n-2);
      return t;
   }
}
```

但初学者往往在函数中直接写成：fib(n)=fib(n–1)+fib(n–2);，这样写是错误的，因为赋值号左边不能出现函数调用。如果写成：fib=fib(n–1)+fib(n–2);，也是错误的，因为在C语言中，函数名不能被赋值。

7.3 典型例题分析

〖选择题〗

例 7.1 以下叙述中正确的是(　　)。

A. C语言程序的函数中必须有return语句

B. 在C语言程序中，函数的类型必须进行显式说明

C. 函数中，return语句必须放在函数体的最后

D. 一个函数中可以出现多个return语句

解 本题的关键是掌握return语句的作用和用法。

在C语言的函数中，return语句根据需要可有可无，故选项A不正确；在C语言中，当函数的返回类型为int型时，定义函数时可缺省函数的类型，故选项B不正确；在C语言的函数中，return语句根据需要可以放在任意位置，故选项C不正确；在一个函数中，可以根据需要使用多个return语句(只能有一个起作用，带回一个值)。

因此，正确答案为选项D。

例 7.2 下列函数的类型是(①)，函数的返回值是(②)。

```
fff(float x)
{
   printf("%f\n",x*x);
}
```

① A. 与参数x的类型相同　　B. void类型

C. int类型　　D. 无法确定

② A. 0　　B. 1　　C. 无确定值　　D. 出错

解 本题的关键是掌握函数定义及函数返回值的有关概念和要求。

C语言中，在定义函数时，函数值的类型应当写在函数名的前面，若省略不写，系统默认为int型。

因此，①的正确答案为选项C。

函数返回情况的处理有3种：

(1) 函数中没有return语句，则执行到函数末尾的“}”时返回到调用函数，无确定的函数值返回。

(2) 函数中虽有return语句，但此语句中不含表达式，则return语句的作用只是使流程返回到调用函数，也无确定的函数值返回。

(3) 函数中的return语句后带有表达式，此表达式的值就是函数的返回值。表达式值的类型应与定义时函数值的类型一致，若出现不一致，系统自动转换为定义时函数值的类型。

根据上述说明，本例属于第1种情况，因此，②的正确答案为选项C。

需要说明的是：在实际运用时，对于这种不需要返回值的函数，通常不使用return语句，同时应将函数定义成void类型，以减少程序出错的可能性。

例 7.3 当函数定义时的形参是变量时，以下叙述中不正确的是(　　)。

A. 调用函数时，实参可以是表达式

B. 调用函数时，实参与形参共用存储单元

C. 调用函数时，将为形参分配另外的存储单元

D. 调用函数时，实参与形参的类型必须一致

解 本题的关键是掌握函数调用的一些规则和要求。

在 C 语言中，当函数定义时的形参是变量时，函数调用时对应的实参可以是同类型的常量、变量或表达式。形参只在函数调用时，才临时分配另外的存储单元，以存放实参传递过来的值。

因此，正确答案为选项 B。

例 7.4 下列程序的输出结果是(　　)。

```
void showvalue(int,int);
main( )
{
   int x=100,y=200;
   showvalue(y,x);
   printf("x=%d,y=%d\n",x,y);
}
void showvalue(int x,int y)
{
   printf("x=%d,y=%d\n",x,y);
   x=400;
   y=800;
}
```

A. x=100, y=200
x=100, y=200

B. x=100, y=200
x=400, y=800

C. x=200, y=100
x=400, y=800

D. x=200, y=100
x=100, y=200

解 本题的关键在于掌握函数调用的有关概念与要求。

C 语言中，在函数调用时，实参与形参的对应是按位置而不是按名字。在本例中是将实参变量 y 的值传给形参变量 x，将实参变量 x 的值传给形参变量 y。所以在函数 showvalue 中，输出的值应为：x=200, y=100。故选项 A 和 B 肯定是错误的。另外，当函数调用时，系统给形参变量分配临时的存储单元，以存放所传递的实参值。在函数 showvalue 中，虽然对形参值进行了改变，但它并不能影响到实参(因为实参与形参是占用不同的存储单元)。函数调用结束后，形参的临时单元被释放，实参仍保持原有的数值，这正是所谓的“单向值传递”的概念。因此，在主函数中输出的值为：x=100, y=200。

因此，正确答案为选项 D。

〖填空题〗

例 7.5 下列程序的输出结果是________。

```
fun(int a,int b,int c)
{
  c=a*b;
}
main( )
{
  int c;
  fun(2,3,c);
  printf("%d\n",c);
}
```

解 本题看似非常简单，但它涉及到几个概念。在定义函数 fun 时，未明确指定函数的返回值类型，此时系统将按 int 型处理，而在函数体中没有使用 return 语句，故函数没有明确的返回值。在 main 函数中，实参用了两个常量和一个变量 c，语法上是允许的，但变量 c 并未赋值，设计者本想将函数 fun 中计算的 c 值反传回来使用，但由于传递的"单向"性，这是做不到的。所以在 main 函数中所输出的 c 值是一个不确定的随机值。

例 7.6 下列程序的输出结果是________。

```
#include <stdio.h>
main( )
{
  int x=1;
  void f1(int);
  f1(x);
  printf("x=%d\n",x);
}
void f1(int x)
{
  void f2( );
  printf("x=%d\n",++x);
  f2( );
}
void f2( )
{
  int x=3;
  printf("x=%d\n",x);
}
```

解 在 C 语言中，函数的定义必须是平行的，即各自是一个相对独立的整体，不允许将一个函数的定义出现在另一个函数的定义中。但函数的调用可以嵌套。本例就是一个嵌套调用，即 main 函数调用了 f1 函数，f1 函数又调用了 f2 函数。另外在一个函数体内定义的变量也是在函数调用时才分配临时的存储单元，调用结束后同样要被释放。所以在不同的函数中可以定义相同名字的变量，它们之间不会混淆。再加上传递时的"单向性"，所以本题的输

出结果是

```
x=2
x=3
x=1
```

例 7.7 已知：n^x 和 n^y 的末 3 位数字相同，并且 $x \neq y$，x、y、n 均为自然数。下列程序的功能是：由键盘输入 n，求满足上述条件的 x、y，并使 x+y 为最小。请填空。

```
#include <stdio.h>
pow3(int n,int x)
{
   int i,last;
   for(last=1,i=1;i<=x;i++)
      last=____①____;
   return last%1000;
}
main( )
{
   int x,n,min,flag=1;
   scanf("%d",&n);
   for(min=2;flag;min++)
      for(x=1;x<min && flag;x++)
         if(____②____ && pow3(n,x)==pow3(n,min-x))
         {
            printf("min=%d=%d+%d\n",min,x,min-x);
            ____③____;
         }
}
```

解 函数 pow3 的作用是求出 n^x 的末 3 位数字，在此函数中的循环语句就是求 n^x 的值，所以①应填 last*n。

main 函数中，设置标志变量 flag，开始令 flag=1 表示还未找到要求的结果。在读入变量 n 的值之后，外循环控制最小值的变化，min 从 2 开始，每循环一次自增 1，直到 flag 变为 0，即已找到结果为止。内循环控制 n^x 中 x 的变化，x 从 1 开始，每循环一次自增 1，直到 x>=min 或 flag 变为 0。在内循环的循环体中，如果能达到 x≠y，并且 x+y 为最小，n^x 与 n^y 的末 3 位数字相同，则输出结果，并将标志变量 flag 设置为 0，表示已找到满足条件的结果，不再进行循环。

所以，②应填 x!=min−x，即 x≠y，并且 x+y 为最小；③应填 flag=0。

例 7.8 输入 n 值，输出行数为 n 的三角形图案，如 n=4 时的图案如下：

```
   *
  ***
 *****
*******
```

下面是其实现的程序，请填空。

```
#include <stdio.h>
void prt(char c,int n)
{
  if(n>0)
  {
    printf("%c",c);
    ____①____;
  }
}
main( )
{
  int i,n;
  scanf("%d",&n);
  for(i=1;i<=n;i++)
  {
    ____②____;
    ____③____;
    printf("\n");
  }
}
```

解　本题是采用递归来实现的。

函数 prt 中用递归来实现将字符变量 c 所表示的字符输出 n 个，所以①应填 prt(c, n–1)。main 函数中通过循环来控制输出 n 行，循环体中的第 1 个语句是输出每行'*'前的空格字符，所以②应填 prt(' ', n–i)；第 2 个语句是输出每行的'*'字符，所以③应填 prt('*', 2*i–1)。

〖编程题〗

例 7.9　已知学生的学号和成绩，请将学生的成绩按降序排序。

分析　本题采用选择法对学生的成绩进行排序。由于每个学生的学号与成绩应该是对应的，所以在排序的交换过程中，要同步完成学号与成绩的交换。另外，为了与习惯一致，循环从 1 开始，即数组的下标从 1 开始。在函数 sort 中，有 3 个形参，前 2 个分别是未指定大小的整型数组，将分别接受实参传递过来的成绩数组和学号数组，第 3 个参数将接受实参传递过来的代表实际学生个数的变量值。

```
void sort(int x[ ],int y[ ],int n)
{
  int i,j,k,t;
  for(i=1;i<n;i++)
  {
    k=i;
    for(j=i+1;j<n+1;j++)
```

```
         if(x[j]>x[k])k=j;
      if(k!=i)
      {
         t=x[k];x[k]=x[i];x[i]=t;
         t=y[k];y[k]=y[i];y[i]=t;
      }
   }
}
main( )
{
   int num[201],score[201];
   int i,n;
   printf("input student number:\n");
   scanf("%d",&n);
   for(i=1;i<=n;i++)
      scanf("%d %d",&num[i],&score[i]);
   sort(score,num,n);
   printf("\nSort result by the score:\n");
   printf(" no.   number   score\n");
   for(i=1;i<=n;i++)
       printf(" %d     %d       %d\n",i,num[i],score[i]);
}
```

例 7.10 编写函数实现如下 n 层嵌套平方根的计算。

$$y(x)=\sqrt{x+\sqrt{x+\cdots\cdots\sqrt{x+\sqrt{x}}}}$$

分析 本题可以采用递归的方法来实现。定义一个递归函数 y，它的参数是待求平方根的变量 x 和嵌套的层数 n，显然此问题可化为

$$y(x,n)=\sqrt{x+y(x,n-1)}$$

```
#include <math.h>
double y(double x,int n)
{
   if(n==0)
      return 0;
   else
      return (sqrt(x+y(x,n-1)));
}
main( )
{
   double x,z;
   int n;
```

```
    scanf("%lf,%d",&x,&n);
    z=y(x,n);
    printf("%lf\n",z);
}
```

第 8 章　用户标识符的作用域和存储类

8.1　学 习 要 求

掌握作用域与生存期的概念；掌握 4 种与存储类别有关的说明符(auto、register、static、extern)的作用；掌握局部变量的作用域、生存期及其使用特点；掌握全局变量的作用域、生存期及其使用特点。

了解两种存储类别及动态存储区、静态存储区各自存储的数据种类；了解函数的存储分类。

基本要求　能够熟练地阅读有关的应用程序，能够利用不同的存储属性来灵活地编写有关的应用程序。

8.2　内 容 要 点

【知识点】

(1) 一个变量在定义时，既要指明其数据类型，也要指明其存储类别。数据类型确定所需存储单元的大小和格式，存储类别确定在内存中的存储位置，从而确定其作用域和生存期。

(2) 动态存储和静态存储是 C 语言中数据存储的两种方式。动态存储是指存储单元可在程序运行的不同时间分配给不同的数据；而静态存储是指存储单元在程序运行的整个过程中固定地分配给某些数据。动态存储区数据的生存期一般是程序运行中的某个阶段，而静态存储区中的数据的生存期为整个程序运行过程。

(3) 局部变量又称内部变量，它是定义在函数(或复合语句)内的变量，其作用域是从定义点到函数体(或复合语句)结束。局部自动变量将分配在动态存储区，其生存期是函数(或复合语句)的运行期间，称为“短期”；静态局部变量将分配在静态存储区，其生存期是整个程序的运行期间，称为“长期”。但注意静态局部变量在定义它的函数之外是不能被使用的，这一点体现了作用域与生存期的不一致性。

(4) 全局变量又称外部变量，是在函数外部任意位置上定义的变量，全局变量是存放在静态存储区中的，其作用域是从定义点到整个源文件结束。生存期是整个程序的运行期间，即“长期”。通过 extern 进行声明后，可以对其作用域进行扩展。

(5) static 说明对局部变量和全局变量的作用效果不同。对局部变量：作用域没变，存储类改为静态；对全局变量：存储类没变，作用域仅限于本源文件。

(6) 局部动态变量赋初值操作是在运行期间进行的，每调用一次函数，就执行一次赋初值的操作。若未赋初值，则其值是不定值(随机值)。静态局部变量的初值是在编译期间赋予的，且是一次性的，在程序运行期间不再赋予初值。对未赋值的静态局部变量，系统自动赋初值 0。

(7) 因为全局变量的值在一个文件(经扩展后可以在一个程序的多个文件)中的多个函数中都可以使用，因此，全局变量为函数之间的数据传递提供了一条通道。但全局变量增加了程序的不稳定性，应谨慎使用。

(8) 不同函数中的变量可以同名，全局变量可以与函数中的局部变量同名。

(9) 在一个自动变量的定义中包含 register 关键字，其作用是请求编译器将变量保存在一个寄存器中。寄存器变量可提高程序的运算速度。

(10) 外部函数可被其他编译单位中的函数调用，内部函数只能被本编译单位中的其他函数调用。

对各种变量从不同的角度归纳总结如下：

· 从作用域的角度可分为

- 局部变量
  - 自动变量，即动态局部变量
  - 静态局部变量
  - 寄存器变量
  - (形式参数可以定义为自动变量或寄存器变量)
- 全局变量
  - 静态外部变量(只限本文件使用)
  - 非静态外部变量(其他文件可引用)

· 从变量存在的时间可分为

- 动态存储
  - 自动变量
  - 寄存器变量
  - 形式参数
- 静态存储
  - 静态局部变量
  - 静态外部变量
  - 非静态外部变量

· 从变量的存放位置可分为

- 内存中静态存储区
  - 静态局部变量
  - 静态外部变量
  - 非静态外部变量
- 内存中动态存储区
  - 自动变量
  - 形式参数
- CPU 中的寄存器 —— 寄存器变量

【重点】

(1) 作用域与生存期的基本概念。

(2) 局部变量、全局变量的作用域、生存期及各自使用时的特点。

(3) static 说明对局部变量和全局变量的影响。

(4) 全局变量作用域扩展的方法。

【难点】

(1) 4 种存储类型变量的说明方式、特点和适用的范围。

(2) 不同存储类型变量在使用时的区别。

(3) 局部自动变量和静态局部变量初始化的方式及对程序的影响。

(4) 全局变量与局部变量同名时的处理。

【典型错误分析】

1. 自动变量与静态局部变量的特性不清楚

在分析程序结果时，往往由于二者的特性掌握得不够清楚，造成分析不出正确的结果。自动变量与静态局部变量的共同点就是它们的作用范围都是某个局部；不同点是自动变量放在动态存储区，静态局部变量放在静态存储区。另外自动变量赋初值是在程序运行期间进行的，每调用一次函数，就进行一次赋初值操作；而静态局部变量的初始化是在编译期间完成的，且只进行一次。再者自动变量的值在函数调用结束后不被保留，所分配的存储单元被释放，而静态局部变量的值在函数调用结束后仍保留，下一次调用函数时可利用上一次调用结束时所保留的值。

2. 局部变量与全局变量同名时如何使用不清楚

当局部变量与全局变量同名时，在程序的某一位置到底用哪个变量往往分不清楚。事实上，在函数内只要有与全局变量同名的局部变量出现，这时就使用局部变量，全局变量将被屏蔽；而没有与全局变量发生冲突的局部变量时，就使用全局变量。

3. 多个源文件组成程序时全局变量的使用不清楚

当一个程序由多个源文件组成时，在某个源文件定义的全局变量，在另外的源文件中能否使用不是很清楚。实际上，全局变量的作用范围是从定义点到本源文件结束，如果要在其他的源文件中使用，必须用 extern 进行声明。但如果在定义全局变量时加了 static 说明，则在其他的源文件中，无论是否使用 extern 声明，都不能使用该全局变量。

8.3 典型例题分析

〖选择题〗

例 8.1 以下叙述中不正确的是(　　)。

A. 在 C 语言中，有两种存储类，一种是自动类，一种是静态类

B. 全局(外部)变量只能是静态类

C. 同一程序中的不同函数不能同名

D. 在同一个程序中，不同用处的变量不可同名

解 本题的关键是掌握标识符的作用域及存储属性的概念和用法。

C 语言中，存储类就是分为自动类和静态类两种，故选项 A 是正确的；只要是全局变量，加不加 static 说明，都是作为静态类而存于静态存储区中，故选项 B 是正确的；同一程序中的函数是不允许同名的，故选项 C 也是正确的；同一程序中，不同函数可以用同名的变量，由于它们各自的作用域不同，不会引起混淆。局部变量也可与全局变量同名，只不过在局部变量的作用范围内全局变量被屏蔽。

因此，正确答案为选项 D。

例 8.2 在一个源文件中定义的全局变量的作用域是(　　)。

A. 本文件的全部范围

B. 本程序的任意范围

C. 本函数的全部范围

D. 从定义该变量的位置开始至本文件结束

解 本题的关键是掌握全局变量作用范围和作用方式。

一个程序可以由多个源文件组成。在某一源文件中定义的全局变量，如果在一个程序的另外的源文件中未用 extern 进行声明的话，是不能引用的，故选项 B 是不正确的；全局变量可以定义在一个源文件中函数之外的任何地方，若要在定义它之前的函数中引用，同样需要用 extern 进行声明，所以选项 A 是不合适的；当然，在定义它之后的函数中引用是没有问题的，但并不只是它之后的一个函数，可以在它之后的所有函数中引用，故选项 C 不够全面，应该是从定义点开始到本源文件结束。

因此，正确答案为选项 D。

例 8.3 下列程序的输出结果是(　　)。

```
main( )
{
   int i=1,j=3;
   printf("%d,",i++);
   {
      int i=0;
      i+=j*2;
      printf("%d,%d,",i,j);
   }
   printf("%d,%d\n",i,j);
}
```

A. 1, 6, 3, 1, 3　　　　B. 1, 6, 3, 2, 3

C. 1, 6, 3, 6, 3　　　　D. 1, 7, 3, 2, 3

解 本题的关键是掌握局部变量的作用域。

在 mian 函数的开头，定义了一个局部变量 i(记为大局部 i)，它的作用域是整个 main 函数，在函数体中的复合语句内又定义了一个同名的局部变量 i(记为小局部 i)，它的作用域是复合语句的内部。尽管它们的名字相同，但在内存中它们分别占用不同的存储单元。

在进入复合语句前，大局部 i 的值为 1，执行第 1 条 printf 语句将输出 1，然后 i 自增 1，i 中的值为 2，j 的值为 3。

进入复合语句后，也定义了一个同名变量 i，按 C 语言规定：当同名变量作用域发生冲突时，复合语句内的变量将屏蔽复合语句外的同名变量。在这里，main 函数开头定义的变量 i 将被屏蔽而不起作用。

在复合语句内，小局部 i 的值为 0，j 的值仍为 3，通过 i+=j*2;又给小局部 i 赋了新值 6，所以在复合语句内的 printf 语句输出的是 6，3。

出了复合语句，小局部 i 的存储单元被释放，不复存在。此时变量 i 就是 main 函数开头定义的那个 i，即大局部 i，其值为 2，j 的值仍为 3，所以最后的 printf 语句输出的是 2、3。

所以本题的 3 条 printf 语句依次输出 1，6，3，2，3。

因此，正确答案为选项 B。

〖程序阅读与分析题〗

例 8.4 分析全局变量、局部自动变量和静态局部变量各自的特点。

程序一

```
int f(int a);
main( )
{
    int a=2,i;
    for(i=0;i<3;i++)
      printf("%d ",f(a));
    printf("\n");
}
int f(int a)
{
    auto int b=0;
    int c=3;
    a=a+1;
    b+=1;
    c++;
    return a+b+c;
}
```

运行结果为

```
8 8 8
```

分析 函数 f 中，a 为形参，b、c 为局部自动变量，每调用一次，就赋值一次，所以 3 次调用的结果是一样的。

程序二

```
int b=0;
int f(int a);
main( )
{
    int a=2,i;
    for(i=0;i<3;i++)
      printf("%d ",f(a));
    printf("\n");
}
int f(int a)
{
    int c=3;
    a=a+1;
```

```
    b+=1;
    c++;
    return a+b+c;
}
```

运行结果为

```
8 9 10
```

分析 在此程序中，将变量 b 变成了全局变量，全局变量存在静态存储区，函数 f 中对 b 的每一次改变都将保留下来。f 函数被调用 3 次，每次都执行加 1 操作，所以，3 次调用函数 f 后，变量 b 的值分别是 1、2、3。

程序三

```
int b=0;
int f(int a);
main( )
{
    int a=2,i;
    for(i=0;i<3;i++)
       printf("%d ",f(a));
    printf("\n");
}
int f(int a)
{
    static int c=3;
    a=a+1;
    b+=1;
    c++;
    return a+b+c;
}
```

运行结果为

```
8 10 12
```

分析 在此程序中，将变量 c 定义成静态局部变量，也存在静态存储区。虽然变量 c 只能在函数 f 中引用，但其初始化是在编译期间完成的，且只进行一次，在运行期间不再进行赋初值操作。每调用一次函数 f，所得的 c 值将保留，下一次再调用函数 f 时，c 的原值就是上一次调用结束时所保留的值。所以，3 次对函数 f 的调用，变量 c 的值分别是 4、5、6。

例 8.5 阅读下列程序，并写出输出结果。

```
#include <stdio.h>
main( )
{
   void inc1( );
   void inc2( );
   inc1( ); inc1( ); inc1( );
```

```
    inc2( ); inc2( ); inc2( );
}
void inc1( )
{
    int x=0;
    x++;
    printf("in inc1 x=%d\n",x);
}
void inc2( )
{
    static int x=0;
    x++;
    printf("in inc2 x=%d\n",x);
}
```

分析　函数 main 分别 3 次调用函数 inc1 和 inc2，在函数 inc1 中定义了自动变量 x，在 inc2 中定义了静态局部变量 x。每次调用 inc1 时，x 都被重新赋值为 0，然后执行 x++后变为 1。输出的结果均为：in inc1 x=1。

在函数 inc2 中，由于 x 为静态局部变量，第 1 次调用 inc2 后 x=1，保留作为下一次调用的原值使用。所以第 2 次调用时，执行 x++后 x=2，又保留下来；第 3 次调用时，x 变为 3。因此程序的输出结果为

```
in inc1 x=1
in inc1 x=1
in inc1 x=1
in inc2 x=1
in inc2 x=2
in inc2 x=3
```

第9章　编译预处理

9.1　学 习 要 求

掌握宏定义的作用及使用规则；掌握文件包含的作用及用法。

了解编译预处理的作用；了解条件编译的作用及使用方式。

基本要求　能够熟练地阅读有关的应用程序，能够根据需要合理地使用编译预处理命令。

9.2　内 容 要 点

【知识点】

(1) 编译预处理就是在正式编译前，由编译预处理程序对编译预处理命令进行处理的过程。

(2) 不带参数的宏定义命令行的形式：

```
#define 宏名 替换文本
```

或

```
#define 宏名
```

预处理时将把程序中与宏名完全相同的标识符用替换文本进行替换。替换时不作任何语法检查，只是简单的文本替换。当替换文本缺省时，仅说明宏名(标识符)被定义。替换文本不替换双引号中与宏名相同的字符串，也不替换用户标识符中与宏名相同的部分。

(3) 带参数的宏定义命令行的形式：

```
#define 宏名(形参表) 替换文本
```

预处理时按#define命令行指定的替换文本从左到右进行替换，如果替换文本中包含宏中的形参，则用程序语句中相应的实参代替形参，替换文本中的其他非形参字符则保留。在“替换文本”中的形参和整个表达式应该用括号括起来，以保证经替换后能得到要求的表达式。

(4) #include命令行的形式如下：

方式一　　#include “文件名”

方式二　　#include <文件名>

预编译时，预编译程序将用指定文件中的内容来替换此命令行。使用方式一，系统先在源程序所在的目录内查找指定的包含文件，若找不到，再按照系统指定的标准方式到有关目录中去寻找。使用方法二，系统将直接按照系统指定的标准方式到有关目录中去寻找。当包含文件修改后，对包含该文件的源程序必须重新进行编译连接。

(5) 条件编译命令有以下3种形式：

形式一

```
#ifdef  标识符
     程序段 1
#else
```

```
        程序段 2
    #endif
```

它的作用是当所指定的标识符已经被#define 命令定义过，则在程序编译阶段只编译程序段 1，否则编译程序段 2。“程序段”可以是语句组，也可以是命令行。

形式二

```
    #ifndef  标识符
        程序段 1
    #else
        程序段 2
    #endif
```

它的作用是当所指定的标识符未被定义过，则编译程序段 1，否则编译程序段 2。

形式三

```
    #if  表达式
        程序段 1
    #else
        程序段 2
    #endif
```

它的作用是当指定的表达式为真(非 0)时，就编译程序段 1，否则编译程序段 2。

这 3 种形式中的“#else 程序段 2”都可以没有。

【重点】

(1) 宏定义的形式及使用要求。

(2) 文件包含的作用及使用要求。

(3) 编译预处理命令在程序中的实际使用。

【难点】

(1) 带参数的宏定义的替换过程。

(2) 宏调用与函数调用的不同。

【典型错误分析】

1. 在编译预处理命令行上加分号

编译预处理命令并不是 C 的语句，因此不需要在编译预处理命令行上加分号。如果在此行上加有分号，则在预处理时连同后面的分号一起进行替换，在正式编译时，会发现错误。如在程序中有

```
#define PAI 3.14;
…
s=PAI*r*r;
…
```

则经过预处理后，变成 s=3.14; *r*r;，显然这是错误的。

2. 在带参数的宏定义中，替换文本中的形参和整个表达式没有用括号括起来

由于替换文本中的形参和整个表达式没有用括号括起来，这样经替换后往往得不到要求的表达式。如在程序中有

```
#define MU(x,y) x*y
…
b=6/MU(a+3,a);
…
```

则在经过宏替换后，表达式将成为 b=6/a+3*a，并非要求的 b=6/((a+3)*a)。若宏定义为

```
#define MU(x,y) (x)*(y)
```

则在经过宏替换后，表达式将成为 b=6/(a+3)*(a)，也非要求的 b=6/((a+3)*a)。所以，如果在经替换后容易引起错误或并非要求的结果的时候，就要在宏定义的替换文本中加上适当的括号。

3. 宏调用与函数调用的区别不清楚

宏调用与函数调用有类似之处，但宏调用与函数调用也有不同，主要体现在以下几点：

(1) 函数调用时，先求出实参表达式的值，然后传递给形参；而使用带参数的宏定义只是进行简单的字符替换。如上例中的 MU(a+3, a)，在预处理时并不求 a+3 的值，而只将实参字符“a+3”直接代替形参 X。

(2) 函数调用是在程序运行时处理的，占用运行时间(分配临时的内存单元、保留现场、值传递、返回)；而宏替换则是在预编译时进行的，不占用运行时间，在替换时并不分配内存单元，不进行值的传递处理，也没有“返回值”的概念。

(3) 函数中的实参和形参都要定义类型，两者的类型要求一致，如不一致，应进行类型转换；而宏不存在类型问题，宏名无类型，它的参数也无类型，只是一个符号代表，预处理时代入指定的字符即可。宏定义中的替换文本可以是任意的一串字符。

(4) 调用函数只能得到一个返回值，而用宏可以设法得到几个结果。

9.3 典型例题分析

〖选择题〗

例 9.1 以下叙述中正确的是(　　)。

A. 用#include 包含的头文件的后缀不能是“.a”

B. 在对某个含有错误的头文件进行修改后，包含此头文件的源程序不必重新进行编译

C. 宏名必须用大写字母表示

D. 宏替换不占用运行时间

解 本题的关键是掌握编译预处理中的一些重要概念。

文件包含的作用就是在预编译时，将被指定文件的内容全部放在此命令行的位置上。由于#include 命令行通常放在程序的开头，故常称包含文件为“头文件”，习惯上用“.h”作后缀，但并没有限定其他形式的后缀。故选项 A 是错误的。

由于被包含的头文件是在预编译时(而不是在执行时)替换#include 命令行而被整体放入

程序的，因此，若对此头文件进行了修改，必须对所有包含它的源程序重新进行编译连接，生成新的执行文件；否则执行程序中包含的仍是旧的头文件内容。故选项 B 是错误的。

宏定义中的宏名是用户定义的标识符，为了区别宏名和一般变量名、函数名等，人们习惯使用大写字母来表示宏名，并非必须。故选项 C 也是错误的。

由于宏替换不是在运行过程中进行的，而是由编译预处理程序预先完成的，因此不占用运行时间。故选项 D 是正确的。

因此，正确答案是选项 D。

例 9.2 以下叙述中正确的是(　　)。

A. 在#include 命令行中，包含文件的文件名用双引号或用尖括号括起来没有区别

B. 一个#include 命令可以包含多个文件

C. #include 命令行的末尾不加分号

D. 一个包含文件中不可以再包含其他文件

解 本题的关键是掌握文件包含的有关概念及使用方法。

在#include 命令行中，使用双引号时，系统先在源程序所在的目录内查找指定的包含文件，若找不到，再按照系统指定的标准方式到有关目录中去寻找；而使用尖括号，系统将直接按照系统指定的标准方式到有关目录中去寻找。故选项 A 是不正确的。

一个#include 命令只能指定一个被包含文件，如果要包含多个文件，要用多个#include 命令。故选项 B 是不正确的。

#include 命令行不是 C 的语句，所以命令行的末尾不加分号。故选项 C 是正确的。

在包含文件中还可以包含其他文件。所以选项 D 是不正确的。

因此，正确答案为选项 C。

例 9.3 设有以下宏定义，则执行语句 y=2*(M+X(5+1));后 y 的值是(　　)。

```
#define M 29
#define X(m) ((M+1)/m)
```

A. 出错　　B. 72　　C. 68　　D. 58

解 本题的关键是掌握宏定义的替换原则。

赋值语句 y=2*(M+X(5+1));中引用了两个宏名。按照宏替换的原则，首先将带参宏 X(5+1)展开：用“替换文本”来替换宏，用实参 5+1 代替宏定义中的形参 m，从而有语句：

```
y=2*(M+((M+1)/5+1));
```

然后再将不带参的宏名 M 用替换文本 29 进行替换，得到

```
y=2*(29+((29+1)/5+1));
```

赋值号右边表达式的计算结果为 72，即 y 的值为 72。

因此，正确答案为选项 B。

〖**填空题**〗

例 9.4 下列程序的输出结果是________。

```
#define CIR(r) r*r
main( )
{
  int a=1,b=2,t;
```

```
    t=CIR(a+b);
    printf("%d\n",t);
}
```

解 本题是考察带参宏的替换过程及原则。

程序是要输出变量 t 的值，也就是要求出 CIR(a+b)进行宏替换后表达式的值。按照规定，进行宏替换时应该用替换文本 r*r 代替宏，并用实参 a+b 代替形参 r，从而有 a+b*a+b；再将 a 和 b 的值代入表达式得到 1+2*1+2，计算出表达式的值为 5。

因此，变量 t 输出的结果是 5。

例 9.5 下列程序的输出结果是________。

```
#ifdef P2
#define INTEGER 64
#else
#define INTEGER 32
#endif
main( )
{
  printf("%d\n",INTEGER);
}
```

解 本题是考察条件编译的作用和用法。

程序中所用的条件编译的作用是当标识符 P2 已经被#define 命令定义过时，则将宏名(标识符)INTEGER 定义为 64，否则将宏名(标识符)INTEGER 定义为 32。而程序中并没有用#define 来定义 P2，所以在预编译时，标识符 INTEGER 将被替换成 32。

因此，程序的输出结果是 32。

第10章 指 针

10.1 学 习 要 求

掌握指针变量的定义、引用及对指针变量的操作方法；掌握指针作为函数参数的用法与特性；掌握使用指针访问一维数组的方法；掌握指向字符串的指针变量的定义与应用。

了解指针和内存地址的基本概念及两者之间的关系；了解多重指针的概念及使用；了解二维数组在内存中的存储形式；了解使用行指针变量访问二维数组的方法；了解使用指针数组访问二维数组的方法；了解函数指针的基本概念及使用函数指针变量调用函数的方法；了解用指向函数的指针作函数参数的方法；了解返回值为指针值的函数与指向函数的指针变量的区别；了解指针数组与指向数组的指针变量的区别；了解字符串指针变量与字符数组之间的区别；了解动态存储分配的基本方法；了解 main 函数的参数使用方法。

基本要求 通过本章的学习，使读者了解指针的实质及其在数据处理中的使用特点，能合理地利用指针来设计程序，实现要求的功能。

10.2 内 容 要 点

【知识点】

(1) 指针即内存地址，是用来标识数据在内存中的存储位置。C 语言使用指针变量来存放某个数据对象的指针(内存地址)。指针变量必须“先定义，后使用”。

指针变量的定义形式：

  数据类型 *指针变量名;

指针变量在使用前必须明确其具体指向，即将某个数据对象的地址赋给指针变量。

C 语言提供取地址运算符用来获得变量的地址，其一般形式为：

  &变量名

C 语言同时提供引用运算符用来获取指针变量所指向数据对象的值，其一般形式为：

  *指针变量名

(2) 内存地址是由系统掌握的，任一个数据对象的存储空间是由系统分配的，用户不能直接将一个整数值(除 0 外)作为地址赋给指针变量，值 0 是唯一能够直接赋给指针变量的整数值，表示指针变量不指向任何数据对象，为使程序更清楚，此时常使用符号常量 NULL，也称为空指针。

(3) 指针变量可以作为函数的参数。当需要在被调用函数中对调用函数的某些值进行修改时，可使用指针变量作为函数参数。此时传递给函数的实参是调用函数中某变量的地址，虽然变量的地址不变(变量的地址也不可能发生改变)，但被调用函数可以通过传递过来的地址值间接引用调用函数中的数据，从而改变此地址中的内容。

(4) 函数的返回值类型既可以是 C 语言预定义的类型，如 int，float 等，同样也可以是一个指针类型，即函数的返回值可以是一个指针值。

(5) 数组在内存中占用一段连续的存储空间，数组名是该存储空间的首地址，即数组第 0 个元素的地址，因此，数组名是一个指针常量。

可以定义指针变量用来存放数组的首地址(或数组某个元素的地址)，通过指针变量的移动或指针变量的算术运算可得到其他数组元素的地址，因此，可以使用指针变量来引用数组的各个元素。

对数组元素的引用可以通过下标法、数组名首地址法、指针变量法和指针下标法。使用指针变量可以节省操作数组元素的时间，但使用下标法会使程序更清晰，也不易出错。

(6) 指针变量的自增(减)运算不是对该指针变量简单地加上(减去)1，而是加(减)一个数量单位(如：若指针变量指向的是 float 型数据，则一个数量单位为 4 个字节)，即使其指向后(前)一个同类型的数据。当指针变量指向数组时，表示使其指向后(前)一个数组元素。如

```
int a[20];
int *p=a,*q=&a[19];          /* p 指向数组首元素 a[0]，q 指向数组尾元素 a[19] */
```

则在执行了 p++; q--;语句之后，p、q 分别指向了 a[1]和 a[18]。

如果指针变量指向的是简单变量，则这种对指针变量的加(减)运算没有什么太大的意义。

(7) 字符串在内存中也是用一段连续的存储空间存放，这段存储空间的首地址是用字符串本身来表示，可以定义指向字符的指针变量存放字符串的首地址，然后操作使用字符串。

字符串自身的信息可决定该字符串的起始和终止(起始为其第一个字符，终止为'\0')，而不需要借助于其他信息。在很多情况下，用指向字符的指针变量来处理字符串非常方便。

用字符串对指向字符的指针变量初始化并不是将该字符串赋给指针变量，而是将该字符串常量的首地址赋给指针变量。

(8) 在 C 语言中，二维数组的数组元素在内存中按行的顺序连续存放。二维数组可看成由一维数组作为元素的一维数组。因此，可有多种方式的指针访问二维数组：指向数组元素的指针顺序访问方式、指针数组方式、行指针方式、多重指针方式。

指针数组是数组元素为指针的数组。为了便于访问二维数组中的元素，可以定义一个指针数组来存放二维数组(特别是多个字符串组成的二维字符数组)中各行数据的首地址(每一行可以看作一个一维数组)。指针数组的定义形式：

数据类型 *指针数组名[二维数组的行数];

行指针变量是指向一个列大小固定的二维数组的一行。在 C 语言中，行指针和数组名是可以互换使用的，这样就便于在函数之间传递二维数组。行指针变量的定义形式：

数据类型 (*行指针变量名)[二维数组的列数];

多重指针是一种指向指针的指针，可以用二重指针变量访问二维数组元素。二重指针变量的定义形式：

类型说明符**指针变量名;

(9) main 函数的参数是指针数组的一个最典型的应用。main 函数是 C 语言中的一个特殊函数，也是必需的一个函数，同时也是整个程序中唯一和命令行打交道的函数。带参数的 main 函数的一般形式：

数据类型 main(int argc, char*argv[ ])

argc 等于命令行中参数的个数(文件名本身也算一个参数)，argv 则顺序存放命令行中的各个参数。程序可以通过命令行传递进来的参数对用户作出不同的响应。

(10) 函数本身是一段代码，也应存放在内存中。函数指针即是某函数经编译后产生的目

标代码在内存中的起始地址，在本质上和其他的指针没有什么区别。可以定义函数指针变量用来存放函数的起始地址，通过该指针变量也可实现对函数的调用。

函数指针变量的定义形式：

数据类型 *函数指针变量名( );

当我们需要根据程序执行的不同情况调用不同的函数时，使用函数指针作为函数参数非常方便。

【重点】

(1) 指针和指针变量概念的理解。

(2) 指针变量的使用。

(3) 指针变量作为函数的参数。

(4) 使用指针变量访问一维数组和字符串。

(5) 使用行指针变量访问二维数组。

【难点】

(1) 指针变量与内存地址的关系。

(2) 指针变量作形参实现传地址引用。

(3) 一维数组的地址与指针变量的关系。

(4) 二维数组的存储结构与指针变量的关系。

(5) 函数指针。

【典型错误分析】

1. 使用未确定指向的指针变量

在使用指针变量之前，并没有确定指针变量的指向。例如

```
int k,*p;
printf("%d\n",*p);
```

在定义了 p 是一个指针变量后，只是明确了 p 是一个指向整型数据的指针变量，但并没有确定到底指向哪一个整型数据(变量)，即没有明确其具体的指向。此时，如果使用该指针变量来间接引用所指向的数据，会导致致命的执行错误或意外地修改重要的数据。如果程序执行过程中，修改了重要的数据，程序虽能完成运行，但得到的是错误的结果。

因此，程序设计中应养成对指针变量初始化的良好习惯。另外，在为指针变量取名时，用 p 或 ptr 作为前缀表明这些变量是指针变量，可以防止与其他变量混淆，保证对指针变量的正确处理。

2. 错误使用指针变量与数值的算术运算(自增、自减运算)

(1) 错误理解指针变量与整型数值的加减运算。当指针变量加(减)某个偏移量(如整型数值 k)时，系统并不是简单地使指针变量向后(前)移动相应 k 个位置，而是使指针变量向后(前)移动相应 k 个单位的位置。其中一个单位是该类型的变量在内存中所占存储空间的大小，如 float 类型的变量在内存中占 4 个字节。

(2) 对指向数组的指针变量进行算术运算后的结果超出数组的存储范围。此时不能再通过指针变量访问到数组的元素。例如

```
int a[10],*p=a;
*(p+10)=5;
```

p+10 已经超出了数组的存储范围，执行*(p+10)=5;的结果是使得数组存储空间的下一个单元(不知是哪一个数据对象的存储单元)里的内容存放整数 5。这种错误是致命的，有时甚至导致死机。

(3) 对指向简单变量的指针变量作算术运算。实际上这种操作是没有意义的。

类似的错误还有对不指向同一数组的两个指针变量相减或比较。程序运行过程中，即使同时定义的两个数组，其存储空间也不一定相邻。因此，这样的相减或比较是无意义的。

3. 不能正确定义或理解指向不同对象的指针变量

在 C 语言中，各种对象(变量、数组、函数等)都是存放在内存空间中，都会涉及到地址(首地址)。因此，可以定义指向各种对象的指针变量，但定义的形式有所不同。初学者往往不能正确定义或理解这些指针变量的用法。如：int *p[n];与 int (*p)[n];，前者是定义一个指针数组，它由 n 个指向整型数据的指针元素组成；后者是定义一个指向含有 n 个元素的一维数组的指针变量。

4. 动态存储分配中的错误

(1) 分配一个内存块后未经初始化就使用其中的内容。这是一个比较隐蔽的错误，初学者往往无法察觉。C 语言中没有规定对变量自动赋初值，如果没有对变量初始化，其值是随机值。因此初学者应该养成对自己使用的变量置初值的习惯，这样一来可以保证程序的正确性，二来还可以增强程序的可移植性。

(2) 释放一个内存块，但继续使用其中的内容。当用户释放内存块时，系统将收回所分配的那片内存空间，并使相应的指针变量的值无效。

(3) 丢失分配的一个内存块。如果没有保存所分配的内存块指针，这些空间就变成了内存空间的一些信息孤岛，除非系统重启，否则系统无法再次使用。

10.3 典型例题分析

〖选择题〗

例 10.1 若有下列定义，则能正确进行输入的语句是(　　)。

```
char ch,*p1,*p2,*p3,*p4=&ch;
```

A. scanf("%c", p1);　　　　B. scanf("%c", *p2);

C. *p3=getchar( );　　　　D. *p4=getchar( );

解 本题主要考察对指针变量的定义与使用。

本题中，定义了一个字符型变量 ch 和 4 个指向字符类型数据的指针变量 p1、p2、p3、p4，其中 p4 初始化为指向 ch，其他 3 个指针变量没有明确其指向。

选项 A 中，scanf 函数要求的参数是地址表列，p1 是一个指针变量(可以存放一个地址)，但并没有明确 p1 的具体指向，因此，输入后的数据的存放位置是不确定的，不可能得到正确

的结果。

选项 B 中，一是指针变量 p2 没有明确指向，二是*p2 是一种间接引用，表示引用 p2 所指向的存储单元(的值)，因此它不是一个地址值，不符合 scanf 函数的要求，不可能得到正确的结果。

选项 C 和 D 中，使用的是 getchar 函数，不需要参数，因此主要判断能否正确地将输入数据赋值给相应的变量。选项 C 中的指针变量 p3 没有明确的指向，选项 D 中的 p4 指向字符型变量 ch，能够将输入数据赋值给 ch。

因此，正确答案为选项 D。

例 10.2 若有下列程序段，则执行该程序段后的输出结果是(　　)。

```
int a=10,b=20,*p,**pp;
pp=&p;p=&a;p=&b;
printf("%d, %d\n",*p,**pp);
```

A. 10, 20　　　B. 10, 10　　　C. 20, 10　　　D. 20, 20

解 本题主要考察指针变量(特别是二重指针变量)的定义及与使用。

本题中定义了两个整型变量 a 和 b，其值分别初始化为 10 和 20，同时还定义了一个指针变量 p(指向整型数据)和一个二重指针变量 pp(指向一个指针变量，该指针变量又指向一个整型数据)。

下面按照程序的执行顺序依次对其中的变量值的变化跟踪分析，分析过程如图 10-1 所示。

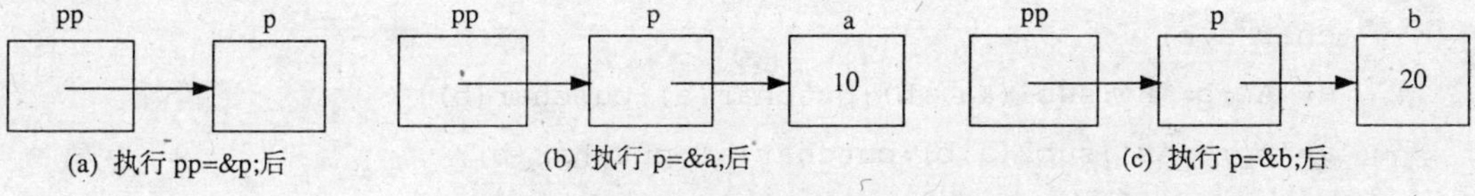

图 10-1　程序执行后各变量变化示意图

执行赋值运算 pp=&p;后，二重指针变量 pp 首先被赋予指针变量 p 的地址，即 pp 指向指针变量 p，随后执行赋值运算 p=&a;让指针变量 p 又指向整型变量 a，此时*p(一级间接引用)和**pp(二级间接引用)均表示 a 的值(10)，如果此时执行语句：

```
printf("%d, %d\n",*p,**pp);
```

其输出的结果应该是 10，10。但程序并没有就此输出，而是接着执行赋值运算 p=&b;让指针变量 p 转而指向了另一个整型变量 b，此时*p 的值为 b 的值(20)，同样，**pp 也表示 b 的值。所以输出的结果是 20，20。

因此，正确答案为选项 D。

例 10.3 下列程序的输出结果是(　　)。

```
#include <stdio.h>
main( )
{
  int a[ ]={10,20,30,40,50};
  int *p=&a[3];
  printf("%d",*--p);
```

```
}
```

A. 30　　　　B. 40　　　　C. 29　　　　D. 39

解　本题主要考察对指针运算符的应用。

在C语言中，自减运算符(--)和指针运算符(*)的优先级相同，而且都具有自右至左的结合性，所以表达式*--p等价于*(--p)，即先执行--p操作，使指针前移一个位置，然后再取p当前所指存储空间中的内容。

在本题中，指针变量p首先指向了一维数组a中的a[3]，作--p运算就前移一个位置使p指向数组a中的a[2]，再使用指针运算符进行间接引用就是取p当前所指存储空间中的内容(即a[2]的值)。

因此，正确答案为选项A。

例10.4　下列程序的输出结果是(　　)。

```
#include <stdio.h>
void sub1(char *a,char b)
{char c;c=*a;*a=b;b=c;}
void sub2(char a,char b)
{char c;c=a;a=b;b=c;}
void sub3(char *a,char *b)
{char c;c=*a;*a=*b;*b=c;}
main( )
{
    char a,b;
    a='A';b='B';sub3(&a,&b);putchar(a);putchar(b);
    a='A';b='B';sub2(a,b);putchar(a);putchar(b);
    a='A';b='B';sub1(&a,b);putchar(a);putchar(b);
}
```

A. ABBABB　　　　B. BABABA　　　　C. BAABBB　　　　D. BAABAB

解　本题主要考察对C语言传值调用的理解与灵活运用。

C语言中的函数调用只能进行单向的“传值”调用。当调用一个函数时，就为函数的形参开辟存储空间，并将实参的一份拷贝传递给形参，被调用函数执行完成后，不会再由形参反过来传递给实参(形参所分配的存储空间被释放)，即在被调用函数中对参数的任何修改都不会影响到实参的值。即便是使用指针作为实参，同样也是单向的值传递，只是由于我们将某些变量的地址传递给了被调用函数，被调用函数通过间接引用可以改变这些变量的值。当用一个简单变量作实参时，用户不能在函数中改变对应实参中的值。但是当函数的形参为指针类型时，可以通过间接引用改变对应实参变量的值。

本题中，程序首先定义了两个char类型的变量a、b，并且在调用每个函数之前都赋予相同的初始值'A'和'B'。程序中的3个子函数都是交换两个数的值。但由于参数的类型不同，因而得到的结果完全不同。各函数执行过程中，参数及变量值的变化情况如图10-2所示。

sub3的形参为两个指针变量，因此在main函数中调用函数sub3时，系统将变量a和b的地址作为实参传递给形参中的指针变量a和b(值得指出的是，这里调用函数main和被调用函数sub3中的变量虽然都有名称相同的变量a、b，但它们是完全不一样的，main中的a、

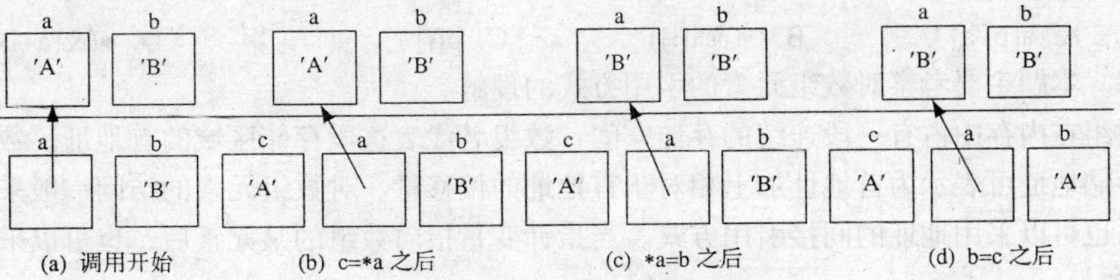

函数 sub1 的执行过程示意图

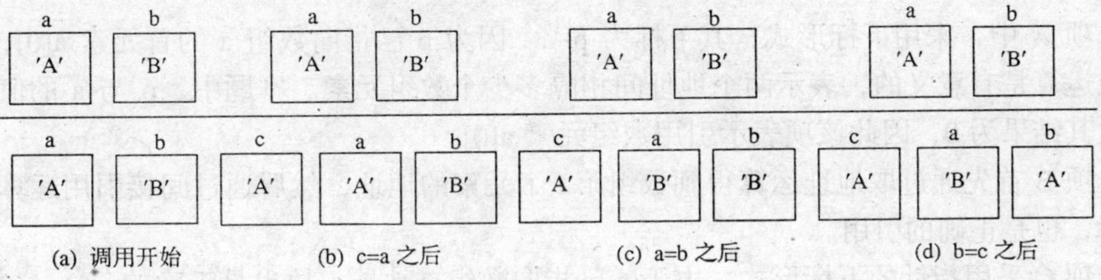

函数 sub2 的执行过程示意图

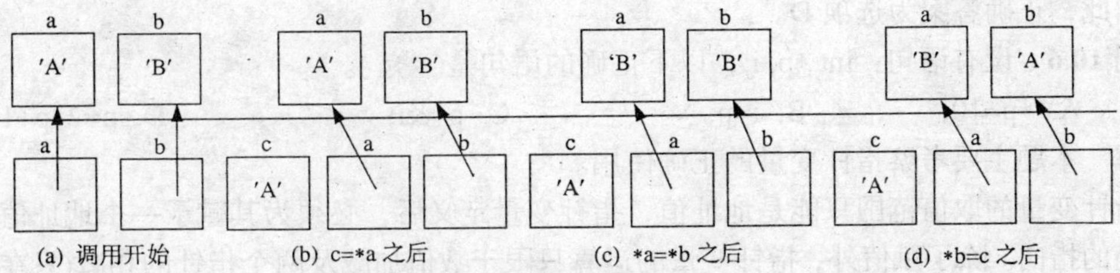

函数 sub3 的执行过程示意图

图 10-2　各种不同虚实结合形式的执行示意图

b 是简单变量，sub3 中的 a、b 却是指针变量)。sub3 执行过程中通过*a、*b 这种间接运算完成对 main 函数中对应的变量 a、b 值的交换。因此在退出 sub3 函数，返回到 main 函数后，变量 a、b 的值已经发生了改变，即变量 a 的值为'B'，而变量 b 的值为'A'，所以输出结果为 BA。

sub2 的两个形参均为简单变量，因此尽管在 sub2 中形参 a 和 b 的值进行了互换，但由于 C 语言的单向值传递特性，与之对应的实参 a、b 的值不受任何影响，保持不变。因此当执行返回到 main 函数后，变量 a、b 的值未发生任何改变，所以输出结果为 AB。

sub1 的形参 a 为指针变量，形参 b 为 char 类型的简单变量，函数调用中将 main 中的变量 a 的地址传递给形参 a，而把实参 b 的值传送给对应的形参 b。因此 sub1 中的交换实际是 main 函数中的变量 a 与形参 b(其值为 main 中变量 b 的值)进行了交换，故执行 sub1 后，main 函数中的变量 a 的改变为'B'。执行返回到 main 函数后，变量 a 的值改变为'B'，而 b 的值没有变化，所以输出结果为 BB。

依次调用 3 个函数后，程序的输出结果为 BAABBB。

因此，正确答案为选项 C。

例 10.5　设有语句：int a[10]={0, 1, 2, 3, 4, 5, 6, 7, 8, 9},*p=a;，以下对数组 a 的元素的引

用，不正确的是(　　)。

A. a[p−a]　　B. *(&a[i])　　C. p[i]　　D. *(&(a+i))

解　本题主要考察对数组元素的引用方式的理解。

数组在内存中占有一段连续的存储空间，数组名代表这段存储区域的首地址。数组中元素的存储地址可表示为首地址加上相对于首地址的偏移量。对数组元素的访问一般采用下标方式，也可以采用地址的间接引用方式。当指针变量指向数组的某元素后，也可以采用这两种方式。

本题中，定义了一个整型数组 a 和一个指向数组元素的指针变量 p，并将其初始化为指向数组首元素。

选项 A 中，采用下标形式，其下标为 p−a。因为 p 已指向数组 a 的首元素 a[0]，p 与 a 的相减运算是有意义的，表示两个地址间相隔多少个数组元素。本题中，p 与 a 的值是相同的，故其结果为 0，因此该项表示引用数组元素 a[0]。

选项 B 首先通过取地址运算得到数组第 i 个元素的地址，然后通过间接引用运算访问这个元素，也是正确的引用。

选项 C 采用指针的下标形式，由于 p 已指向数组首地址，故也是正确的。

选项 D 中，a+i 表示数组中第 i 个元素的地址，然后对其取地址，显然是错误的。

因此，正确答案为选项 D。

例 10.6　设有语句：int *p, i;，以下正确的语句是(　　)。

A. *p=10;　　B. i=p;　　C. p=&i;　　D. p=2*p+1;

解　本题主要考察指针变量的正确使用。

指针变量的取值范围只能是地址值，指针变量定义后，必须为其赋予一个地址值，让其有明确的指向。除了赋值外，指针变量的运算只限于数值加减及两个指针的相减(只在指向同一数组的元素时有意义)。

选项 A 对指针变量所指向的变量赋值，本身语法是没有问题的，但是此处指针变量没有初值，其指向不明确，因此是不正确的用法。

选项 B 在指针变量 p 与整型变量 i 之间进行赋值操作，显然是不正确的。

选项 D 对指针变量 p 进行乘法运算，也是不正确的。

选项 C 是将整型变量 i 的地址赋予指针变量 p。

因此，正确答案为选项 C。

例 10.7　设有语句：int a[ ]={10, 11, 12}, *p=&a[0];，则执行完*p++; *p+=1;后 a[0]、a[1]、a[2]的值依次是(　　)。

A. 10, 11, 12　　B. 11, 12, 12　　C. 10, 12, 12　　D. 11, 11, 12

解　本题主要考察运算符的优先级和结合性的实际应用。

指针运算符*与自增运算符++具有同一优先级，其结合性均为自右至左。因此，*p++等价于*(p++)，由于++运算在后，因此先使用 p，即进行*p 运算取得 a[0]的值，再进行 p 的++运算，使 p 指向数组元素 a[1]。根据优先级，*p+=1 等价于(*p)+=1，即(*p)=(*p)+1，其作用是使 p 所指向的数组元素加 1，即 a[1]的值加 1，变为 12，其他元素值不变。

因此，正确答案为选项 C。

例 10.8　设有语句：char *s;，以下正确的用法是(　　)。

A. s="C Language";　　B. *s="C Language";

C. **s="C Language";　　　　　　　　　　D. *s='C';

解　本题主要考察对用字符串对指向字符的指针变量进行初始化的理解。

本题中，定义 s 是一个指向字符的指针变量，可以将一个字符串常量的首地址赋给该指针变量。*s 则是 s 所指向的字符型数据的值，不能将一个字符串赋给它，因此选项 B 是不对的；由于 s 是一个(一重)指针变量，不能使用**s 形式，因此选项 C 也是错误的；而选项 D 从语法上本没有问题，但 s 没有初始化，没有明确的指向，对其赋值会产生意想不到的结果，是错误的；选项 A 是将一个字符串常量的首地址赋予 s。

因此，正确答案为选项 A。

例 10.9　下列程序的运行结果是(　　)。

```
#include <stdio.h>
main( )
{
    int k;
    char *s="a\n35\b";
    for(k=0;*s++;k++);
        printf("k=%d\n",k);
}
```

A. k=5;　　　　B. k=6　　　　C. k=7　　　　D. k=8

解　本题主要考察字符指针变量的运用。

本题中，用字符串常量对一个指向字符的指针变量进行了初始化，程序的主体是一个 for 循环，需要打印的值 k 是在 for 循环中累加得到的。for 循环的结束条件是指针变量 s 所指向的字符的值为 0，也就是遇到字符串结束标记。因此，k 计算的是 s 初始所指向的字符串的长度(不包括字符串结束标记在内)，此时应注意字符串中含有转义符，其长度为 5。

因此，正确答案为选项 A。

例 10.10　设已有定义：char *st="how are you";，下列程序段中正确的是(　　)。

A. char a[11], *p; strcpy(p=a+1, st[4]);

B. char a[11]; strcpy(++a, st);

C. char a[11]; strcpy(a, st);

D. char a[ ], *p; strcpy(p=&a[1], st+2);

解　本题主要考察字符数组与字符指针变量的使用。

函数 strcpy 用于将第 2 个参数所指的字符串复制到第 1 个参数作为首地址的字符数组中，要正确复制，作为目标的字符数组的长度必须足够存放源字符串。

从本例来看，源字符串 st 的长度为 11 个字符，加上结束标记共有 12 个字节的存储空间，而字符数组 a 共有 11 个字节。选项 A 的源起始地址从 st 的第 4 个字节开始，因此源字符串的空间共 8 个字节。目标存储空间首地址为 a+1，共有 10 个字节空间，能够进行正确的字符串复制。选项 B，对字符数组 a 进行自增运算是不允许的。选项 C，目标存储空间不够，因而无法正确复制。至于选项 D，数组 a 的长度没有说明，也是不正确的。

因此，正确答案为选项 A。

例 10.11　设有下列定义：

```
int a[4][3]={1,2,3,4,5,6,7,8,9,10,11,12};
```

```
int (*prt)[3]=a,*p=a[0];
```

则以下能够正确表示数组元素 a[1][2]的表达式是(　　)。

A. *((*prt+1)[2])　　　　B. *(*(p+5))

C. (*prt+1)+2　　　　D. *(*(a+1)+2)

解　本题是考察如何用指针变量来引用二维数组元素。

数组 a 是一个 4 行 3 列的整型数组，prt 是一个指向由 3 个整型数据构成的一维数组的行指针变量，其初始值为指向数组 a 的首行(第 0 行)，p 则是一个指向整型数据的指针变量，其初始值为指向数组 a 的首元素。

如果要使用行指针变量来表示数组元素 a[1][2]，首先必须通过移动行指针变量使其指向数组第 1 行，然后通过一次间接引用，将行指针转换为指向行首元素的列指针，最后将指向元素的列指针向后移动 2 个位置，指向第 1 行第 2 个元素，即可间接引用该数组元素的值。

选项 A 和 C 均用行指针形式，但选项 A 中，*prt 将行指针转换为指向第 0 行首元素的列指针，然后后移一个位置，指向 a[0][1]，(*prt+1)[2]则得到 a[0][1]后第 2 个元素的值，由于二维数组是按行的顺序依次存放的，故得到 a[1][0]的值，即 4。再对其进行间接引用运算，显然是非法的，故选项 A 是错误的。选项 C 则是数组元素 a[1][0]的地址，也是错误的。

选项 B 采用指向数组元素的指针方式，指向数组元素的指针变量 p 开始指向数组第 0 行的首元素，即 a[0][0]，然后 p+5 表示 a[0][0]后第 5 个元素的地址，按照二维数组元素的存储顺序，即 a[1][2]的地址。如果进行间接引用，已可得到所要求的 a[1][2]的值，但选项 B 画蛇添足，又进行了一次间接引用，反而形成非法引用，因而是错误选项。

选项 D 则是直接使用数组名表示。数组名表示数组的首地址，对二维数组来说，就是第 0 行的地址，因此，a+1 表示数组第 1 行的地址，*(a+1)则通过间接引用方式表示第 1 行首元素即 a[1][0]的地址，*(a+1)+2 表示其后第 2 个数组元素即 a[1][2]的地址，因此，*(*(a+1)+2)可得到 a[1][2]的值，能正确表示数组元素 a[1][2]。

因此，正确答案为选项 D。

例 10.12　假定下列程序的可执行文件名为 prg.exe，则在该程序所在的子目录下输入命令行 prg hello good↙后，程序的输出结果是(　　)。

```
main(int argc,char *argv[ ])
{
    int i;
    if(argc<=1)return;
    for(i=1;i<argc;i++)
        printf("%c",*argv[i]);
}
```

A. hello good　　　B. hg　　　C. hel　　　D. hellogood

解　本题主要考察带参数的 main 函数的使用。

main 的形参只有两个，参数 argc 表示命令行中参数的个数(文件名本身也算一个参数)，argc 的值是在输入命令行时由系统按实际参数的个数自动赋予的；而 argv 参数是字符串指针数组，其值为命令行中各字符串的首地址(系统将命令行参数看作字符串表列)。指针数组的长度即为参数个数。数组元素初值由系统自动赋予。

从程序看，本例中的 main 函数功能为：如果只有一个参数，即命令行中命令后不带参数，直接返回；否则从命令行中除命令外的参数开始顺序输出各参数。但输出格式采用的是"%c"，说明只输出参数中的第一个字符，所以输出结果为 hg。

因此，正确答案为选项 B。

若将输出语句改为

```
printf("%s",argv[i]);
```

则程序的执行将变为输出两个参数完整的字符串，正确答案就变为选项 D。

例 10.13 若有下列程序段：

```
void fun(int *c){   }
main( )
{
   int (*a)( )=fun,*b( ),w[10],c;
   ......
}
```

在必要的赋值之后，对 fun 函数的正确调用语句是(　　)。

A. a(w);　　B. *a(&c);　　C. *b(w);　　D. fun(b);

解 本题主要考察指向函数的指针变量的使用。

当函数指针变量指向某函数时，可通过函数指针变量来调用函数。调用的一般形式为

(*函数指针变量名)(实参表)

或

函数指针变量名(实参表)

使用函数指针变量应注意，第一种形式的函数调用中"(*函数指针变量名)"的两边的括号不可少，如果少于这一对括号，就变成：*函数指针变量名(实参表)，则由于括号的优先级高于*号，就成了返回指针值的函数。同其他形式的函数调用一样，函数参数类型应一致。

选项 B 调用形式不对，故不正确。

选项 C 中，b 是一个返回指针值的函数，不可能实现对 fun 函数的调用，也是不正确的。

选项 D 是用 b 作为参数调用 fun 函数，但 b 本身作为一个函数，调用时必须有括号，因此选项 D 也是不正确的。

选项 A 中，指向函数的指针变量 a 通过初始化指向函数 fun，而所需的参数 w 是一个整型数组的数组名，是一个指针类型的数据，是符合要求的。

因此，正确答案为选项 A。

〖填空题〗

例 10.14 设有如下的定义，请在空白处填上适当的值。

```
int a[]={10,20,30,40,50};
int *p=&a[2];
int *s=&a[4];
```

(1) 表达式 s−p 的值是___①___；

(2) 表达式*p 的值是___②___，表达式*p+1 的值是___③___；

(3) 表达式*p++的值是___④___，p 的值是___⑤___；

(4) 表达式++*p 的值是___⑥___，p 的值是___⑦___；

(5) 表达式*++p 的值是＿⑧＿，p 的值是＿⑨＿。

解 本题主要考察指针变量的有关运算。

在上面的定义中，p 和 s 被定义为指向数组元素的指针变量，并分别初始化为指向数组元素 a[2]和 a[4]，如图 10-3 所示。

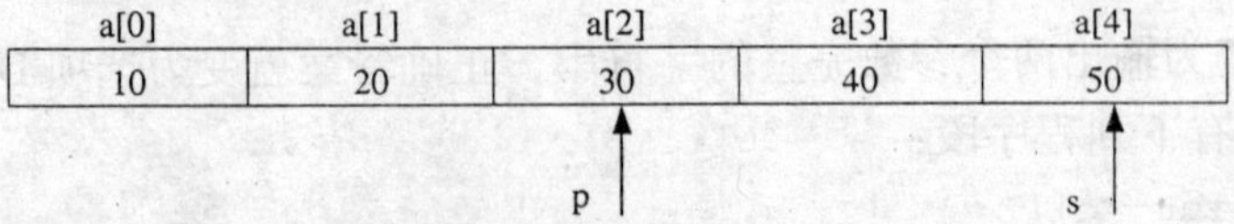

图 10-3 指针变量 p、s 的指向

(1) 从图 10-3 可知，p 和 s 之间还隔着一个 int 类型的数组元素 a[3]，所以 s–p 的值为 2，因此①应填 2。

(2) 由于指针变量 p 指向了数组元素 a[2]，所以*p 的值即为 a[2]的值 30，因此②应填 30。对于表达式*p+1，根据运算符的优先级，可将其转化为等价的表达式(*p)+1，即取出 p 所指数组元素的值后再加 1，所以计算的结果为 31，因此③应填 31。

(3) 在计算表达式*p++时，需要根据运算符的优先级和结合性将它化为等价的表示形式：*(p++)，因自增运算符++在 p 的后面，所以先使用 p 与*结合，取出 p 所指数组元素的值，作为该表达式的结果；随后指针变量 p 自增 1，即指向数组元素 a[3]。因此④应填 30，而⑤应填&a[3]或 a[3]的地址。

(4) 在计算表达式++*p 时，同样需要根据运算符的优先级和结合性将它化为等价的表示形式：++(*p)，即先取出 p 所指向数组元素的值，随后将该值加 1，所以表达式++*p 的结果为 31，故⑥应填 31。由于在计算表达式++*p 的过程中，并没有移动指针变量 p，所以指针变量 p 仍然指向数组元素 a[2]，故⑦应填&a[2]或 a[2]的地址。

(5) 从形式上看，表达式*p++和表达式*++p 的区别仅仅在于“++”运算符的位置不同。由于一个是“前缀++”运算符，另一个是“后缀++”运算符，根据前面章节中的讲述，我们知道“前缀++”表示先自增后参与运算，而“后缀++”恰好相反，是先参与表达式的运算再自增。因此在计算表达式*++p 时，我们也是根据其优先级和结合性将它化为等价的表示形式*(++p)。计算过程如下：先将指针变量 p 向后移动一个单位，使 p 指向数组元素 a[3]；然后取出指针变量 p 所指向的数组元素的值，即 40。因此⑧应填 40。由于在计算过程中，改变了指针变量 p 的值，使其向后移动了一个位置，所以⑨应填&a[3]或 a[3]的地址。

值得一提的是：虽然表达式*p++和表达式*++p 的计算结果不同，但在执行完表达式的计算之后，指针变量 p 均指向了同样的数组元素。

例 10.15 先输入一个 M×N 的字符型数组，然后再统计出这个数组中数字字符的个数、小写英文字母的个数、大写英文字母的个数、其他字符的个数，遇到第一个空格字符后立即停止统计，最后将统计出的结果输出。请填空。

```
#include <stdio.h>
#define M 5
#define N 10
main( )
{
```

```
    char cc[M][N],*p;
    int i,ln,un,nn,wn;
    ___①___;
    for(i=0;i<M;i++)
    {
      p=cc[i];
      while(p<cc[i]+N)scanf("%c",___②___);
    }
    for(i=0;i<M;i++)
    {
      for(p=cc[i];p<cc[i]+N;p++)
      {
        if(*p==' ') ___③___;
        if(*p>='0'&&*p<='9')nn++;
        else if(*p>='a'&&*p<='z')ln++;
        else if(*p>='A'&&*p<='Z')un++;
        else ___④___;
      }
      if(*p==' ')break;
    }
    printf("\n%d,%d,%d,%d",nn,ln,un,wn);
}
```

解 本题主要考察通过指针引用字符数组元素的方法。

从程序设计思路来看，每一种字符的个数是由判断后累加得到，因此，用于计算的变量应首先初始化清零。故①应填 nn=ln=un=wn=0。

程序中②处是 scanf 函数参数中的一个用于接受输入数据的地址。从程序中可以看出，循环中指针 p 的初始值为指向每一行的首元素，然后在内循环中作为循环控制条件，不难看出 p 就是用于存放接受输入数据的地址，必须在接受完一个数据后，指向下一个准备接受数据的位置。因此，②应填 p++。

程序中③处是循环中如果遇到空格字符时的处理语句。按照题目的要求，遇到第 1 个空格字符后立即停止统计。因此，循环中，在遇到空格字符时应使程序从循环中跳出，尽管 break 只能从内循环中跳出，但由于紧跟内循环后的第 1 个语句又是一个同样的选择语句，完全可以使整个循环终止。因此，③应填 break。

程序中④处是一个前面所有条件不成立时应该执行的语句，而前面各个语句是用于统计数字字符、小写英文字母以及大写英文字母的个数，该处应统计其他字符的个数，从前面定义的变量可以分析出，整型变量 wn 用于存放其他字符的个数。故④应填 wn++。

例 10.16 下列 count 函数的功能是统计 substr 所指的字符串在 str 所指的字符串中出现的次数。请填空。

```
int count(char *str,char *substr)
{
```

```
    int i,j,k,num=0;
    for(i=0; ___①___ ;i++)
    {
      for( ___②___ ,k=0;substr[k]==str[j];k++,j++)
          if(substr[ ___③___ ]=='\0')
          {
            num++;break;
          }
    }
    return num;
  }
```

解 本题主要考察字符指针变量作为函数形参的用法。

本题要求统计子字符串在另一个字符串中出现的次数。从所给的程序来看，其基本思路是通过循环用子字符串与母串逐个字符进行比较，如果对应字符相同，继续比较后一字符，直到遇到子字符串结束标记，表明该子字符串在母串中出现一次，计数器加 1。如果中途遇到不相同的字符，则不需继续比较。一次循环完成后，从母串的下一位置继续进行比较。

程序中的变量 num 用于出现次数的计数，变量 i 用于标记母串中需要比较的起始位置，变量 j、k 分别用于标记母串和子串对应位置的下标。

根据前面的分析，程序中①处需要填的内容应为所在的外循环的控制条件，即用于控制母串是否已全部比较完毕，若遇到母串的结束标记，则表明已全部比较完毕，因此，①应填 str[i]!='\0'。

程序中②处的内容是内循环的初始条件，从前面关于程序基本思路的分析可知，内循环用于将两个字符串逐个字符进行比较，对于子字符串来说，从第 0 个字符开始，对于母串来说，应该从外循环决定的第 i 个字符开始，因此，②应填 j=i。

程序中③处的内容是一个判断条件，即子字符串已完整出现，计数次数加 1，从下一个位置重新开始比较。也就是说，如果子字符串中要比较的下一个字符为结束标记，则该字符串已完整出现，因为当前位置由 k 标记，因此，③应填 k+1。

例 10.17 下列 conj 函数的功能是将两个字符串 s 和 t 连接起来。请填空。

```
  Char *conj(char *s,char *t)
  {
    char *p=s;
    while(*s) ___①___ ;
    while(*t)
    {
      *s= ___②___ ;
      s++;
      t++;
    }
    *s='\0';
    ___③___ ;
```

```
    }
```

解 本题主要考察字符指针变量作为函数的形参及返回指针值的函数的用法。

本题要求将两个字符串进行连接，即将 t 所指向的字符串加到 s 所指向的字符串的尾部。其基本思路是首先定位到 s 的尾部，即找到 s 所指字符串的结束标记，然后，依次将 t 所指的字符串中的字符逐个复制到其后面，最后返回新得到的字符串的首地址。

从程序中可以看出，原始的字符指针变量 s 在程序运行过程中被移动用于标记复制的位置，程序首先用一个指向字符的指针变量 p 将 s 的初始值保存下来。然后通过逐次向后移动指针变量 s 直到字符串结束，因此，①应填 s++。

程序中②处位于循环内部，该循环应实现字符复制，即当指针变量 t 所指的字符不是字符串结束标记时，将 t 所指的字符复制到 s 所指的位置，然后将两指针变量同时后移。因此，②应填*t。

程序执行到③处时，字符串已复制完毕，因此，该处应返回调用函数。由于 t 所指的字符串是连接在原 s 所指的字符串的后面，而 s 在移动过程中已逐步移动到字符串的尾部，因此只能将原先保存指针变量 p 中的 s 所指字符串的起始地址作为返回值，故③应填 return p。

〖**阅读题**〗

对于阅读题，一般应该从 main 函数开始分析，通过函数调用顺序把握住整个程序的总体设计思想，对其中的一些关键函数或程序片断进行分析，弄清程序中各函数的功能。在此基础上，分析整个程序完成了什么功能，不能机械地用输入数据去逐句执行程序。

另外，分析过程中，要注意设计者的设计风格，如变量的命名风格、程序的表述形式等，理解程序设计者的思路。

例 10.18 若给 fun 函数的形参 s 传送字符串：″ uuu u–63ym5wwe4abc″，则函数的返回值是________。

```
long fun(char s[ ])
{
    long n=0;
    int sign;
    for(;isspace(*s);s++);
    sign=(*s=='-')?-1:1;
    for(n=0;*s!='\0';s++)
        if(isdigit(*s))n=10*n+*s-'0';
    return sign*n;
}
```

解 本题主要考察通过字符指针变量访问字符串的方法。

字符串是以′\0′结束的一个字符序列，该序列在内存中是连续存放的，因此在形式上非常类似于字符数组。它们的主要区别在于字符数组对最后一个位置上的字符没有严格的约定，而字符串却规定必须是′\0′。由于字符串在内存中连续存放，因此在很多场合，人们都借助于字符指针变量或字符数组对字符串进行操作。

库函数 isspace 和 isdigit 在头文件 ctype.h 中定义了函数原型。函数 isspace 用于判断给定的字符是否是空格，如果是空格返回 1，否则返回 0。函数 isdigit 则用于判断给定的字符是否是数字，如果是数字字符('0'，'1'，…，'9')返回 1，否则返回 0。

为了得到本题的答案，我们需要对函数进行逐条语句分析，只有把握住了函数 fun 的功能，才能完成该题。

函数 fun 的形参 s 是一个字符数组，由于和它相结合的实参是一个字符串，因此我们在函数内部可以将 s 当作字符指针变量处理。循环语句 for(; isspace(*s); s++);的循环体为空语句，当指针变量 s 所指向的字符是空格时，指针变量就向后移动，指向下一个字符。因此该语句的功能是读掉字符串前面的所有空格。

语句 sign=(*s=='–')?–1:1;给变量 sign 赋值，如果指针变量 s 所指向的字符是'–'，那么就赋值为–1，否则赋值为 1。结合后面的 return 语句，我们可以看出 sign 是用来标记返回值符号的。

最后的 for 循环语句中的循环体对指针变量 s 所指向的字符进行了筛选，只对数字字符进行处理。表达式 n=10*n+*s–'0'在第 1 次执行时，即第 1 次遇到 s 所指的字符是数字字符(如数字字符'6')时，n=10*0+'6'–'0'=6；第 2 次再遇到 s 所指的字符是数字字符(如数字字符'4')时，n=6*10+'4'–'0'=64，重复上述处理过程，直到把所有的数字字符处理完毕并遇到字符串的结束符'\0'为止。因此该语句的功能是将字符串中的数字字符挑选出来，按顺序组成一个 long 型的数，存放在 n 中。此时 n 的值为正整数。

返回语句 return sign*n;将前面得到的 n 的值缀上符号位后，返回给调用语句。

通过上面的分析，我们不难了解该函数的功能：首先越过所有的前导空格字符，如果接着的第一个字符是“–”就判定该数是一个负数，否则该数为正数。对于后续字符序列，从中挑出数字字符拼装成一个无符号的长整数，最后返回一个带符号的长整数。

因此，对于作为实参的字符串“　uuu　u–63ym5wwe4abc”，可以知道它的符号位为 1(即 sign 值为 1，因为空格后面的第一个字符是'u'，不是'–')，n 的值为 6354，所以函数的返回值为 6354。

例 10.19　下列程序的输出结果是________。

```
#include <stdio.h>
void  fun(int *s,int n1,int n2)
{
   int i,j,t;
   i=n1;j=n2;
   while(i<j)
   {
      t=*(s+i);*(s+i)=*(s+j);*(s+j)=t;
      i++;j--;
   }
}
main( )
{
   int a[10]={1,2,3,4,5,6,7,8,9,0},i,*p=a;
   fun(p,0,3);
   fun(p,4,9);
```

```
    fun(p,0,9);
    for(i=0;i<10;i++)printf("%d ",*(a+i));
}
```

解 本题主要考察指向数组的指针变量的用法。

该程序的 main 函数的主要内容是 3 次调用函数 fun，因此只要清楚了函数 fun 的功能，就很容易得出程序的结果。

函数 fun 的主体是一个循环语句，其循环体是将一个数组中的第 i 个元素和第 j 个元素进行交换。因此，可以看出该函数的功能是将数组 s 中从第 n1 个到第 n2 个之间的元素逆序排列。

数组 a 的初始值为{1, 2, 3, 4, 5, 6, 7, 8, 9, 0}，第 1 次调用 fun(p, 0, 3)，将数组中第 0 个到第 3 个之间的元素倒序，数组 a 变为：{4, 3, 2, 1, 5, 6, 7, 8, 9, 0}；第 2 次调用 fun(p, 4, 9)，将数组第 4 个到第 9 个之间的元素倒序，数组 a 变为：{4, 3, 2, 1, 0, 9, 8, 7, 6, 5}；第 3 次调用 fun(p, 0, 9)，将数组第 0 个到第 9 个之间的元素倒序，数组 a 变为：{5, 6, 7, 8, 9, 0, 1, 2, 3, 4}。

因此，程序的输出结果为

```
5 6 7 8 9 0 1 2 3 4
```

例 10.20 下列程序的输出结果是________。

```
#include <stdio.h>
main( )
{
    int a[ ]={1,2,3,4,5,6};
    int *p=a;
    printf("%d,",*p);
    printf("%d,",*(++p));
    printf("%d,",*++p);
    printf("%d,",*(p--));
    p+=3;
    printf("%d,%d\n",*p,*(a+3));
}
```

解 本题主要考察对指针基本概念及与指针有关的运算的优先级和结合性的理解。

程序中定义了一个有 6 个元素的整型数组 a，及一个指向整型数组元素的指针变量 p，并将其初始化为指向整型数组 a 的首元素。

第 1 个 printf 函数执行时，指针 p 指向 a[0]，因此输出结果为 1。

第 2 个 printf 函数执行时，首先将指针变量向前移动一个位置，指向 a[1]，然后输出其值，因此，输出结果为 2。

第 3 个 printf 函数执行时，其输出内容为*++p，由于自增运算符与间接引用运算符具有相同的优先级，并均具有自右至左的结合性，因此，*++p 等价于*(++p)。也就是说，指针变量 p 先自增 1，向前移动 1 个位置，指向 a[2]，然后间接引用输出其值，因此，输出结果为 3。

第 4 个 printf 函数执行时，指针 p 的自减运算是后缀的，因此，首先间接引用指针变量 p 所指元素的值，即 a[2]的值，输出结果为 3；然后，指针变量 p 向后退 1 个位置，指向 a[1]。

执行 p+=3;后，指针变量 p 前进 3 个位置，指向数组元素 a[4]，然后执行第 5 个 printf 函数，输出指针变量 p 所指元素 a[4]的值 5 及*(a+3)的值 4 (数组 a 的第 3 个元素 a[3]的值)，因此，输出结果为 5 和 4。

综上所述，程序的输出结果为

```
1,2,3,3,5,4
```

〖编程题〗

例 10.21 编写一个函数，将指定的数值数据按其自身类型倍增后输出。

解 在程序中要实现根据不同数据类型执行的操作，可以使用 void *类型的形参，这是一个可以和任何类型的变量地址结合的类型。到底应该将传递进来的形参转换为什么类型，必须由调用函数明确指定，因此在函数定义中另加一个标记类型的形参。

```
#include "stdio.h"
#include "string.h"
void Double(void *x,char type)
{
  printf("result is");
  switch(type)
  {
    case 'i': *((int *)x)*=2;
              printf("%d\n",*(int *)x);break;
    case 'f': *((float *)x)*=2;
              printf("%f\n",*(float *)x);break;
    case 'l': *((long *)x)*=2;
              printf("%ld\n",*(long *)x);break;
    case 'd': *((double *)x)=2;
              printf("%lf\n",*(double *)x);
  }
}
```

例 10.22 编写一个函数，计算字符串的串长。

解 字符串是以'\0'作为结束标志的，因此在实现求字符串的长度时，可以利用字符串的这个特点，从字符串的起始位置逐个计数直到遇到结束标志为止。

在循环中，可以在判断之后将指针变量向前移动一个位置。

```
int getlen(char *str)
{
  int len=0;
  char *p=str;
  while(*p++) len++;
  return len;
}
```

同样，该函数也可以用数组形式实现：

```
int getlen(char *str)
```

```
{
  int len;
  for(len=0;str[len];len++);
  return len;
}
```

例 10.23 编写一个函数，将一个字符串中的字符全部转换为大写。

解 在 ASCII 表中，大写字母与小写字母是分别连续排列的，相应的小写字母比大写字母大 32。因此要将字符串中的小写字母转换为大写字母，首先应该区分出小写字母，然后再进行转换。

```
void Lower2Upper(char *str)
{
  char *p=str;
  while(*p!='\0')
  {
     if(*p<='z' && *p>='a')          /* 判断是否是小写字母 */
        *p=*p-32;                    /* 若是，将其转换为大写字母 */
     p++;
  }
}
```

例 10.24 编写一个函数，计算一个字符在一个字符串中出现的次数。

解 这是一个统计函数，函数的形参中必须含有一个字符串和需要统计出现次数的那个字符。函数将字符出现的次数作为返回值。

```
int count(char ch,char *str)
{
  char *p=str;
  int num=0;
  while(*p!='\0')
     if(*p++==ch)num++;
  return num;
}
```

例 10.25 n 个人围成一圈，顺序排号。由用户从键盘输入报数的起始位置，从该人开始报数(计数从 0 开始)，凡报数为 3 的倍数出圈。问最后剩下的是几号?

解 由于队列中的人数是不确定的，本题可以采用动态分配内存的方法来实现。我们可以将数组元素的初始值设定为 1。如果某个人被剔除出了队列，将其相应位置处的值置为 0，下一轮不再参加报数。为了实现循环报数，可用当前位置加 1 后与 n 求余。

将程序的设计思想描述如下：首先在内存中分配 n 个大小的 int 类型的内存空间，并初始化为全 1 的数组。然后从 start 位置开始循环报数，直到剩下一个人为止。

```
#include <stdio.h>
#include <stdlib.h>
int monkey(int n,int start);
```

```
/* 程序中的相对位置是从 0 开始的 */
main( )
{
    int n,s;
    scanf("%d%d",&n,&s);
    printf("在%d 个人中，从%d 开始报数，最后剩下的是%d\n",n,s,monkey(n,s));
}
int monkey(int n,int start)
{
    int *a;                    /* 定义一个指针变量，指向动态数组 */
                               /* 动态数组的空间在函数中申请和释放 */
    int i;
    int loc=0;                 /* 最后剩下的那个人所在的位置 */
    int num=0;                 /* 报数的累计值 */
    int k=n;                   /* 队列中剩下的人数 */
    /* 申请动态数组 a 的内存空间 */
    a=(int *)malloc(n*sizeof(int));
    if(a==NULL) return -1;
    /* 给数组 a 赋初值，"1"表示该位置上的人还在队列中 */
    /* "0"则表示该位置上的人已经出对列了 */
    for(i=0;i<n;i++) a[i]=1;
    /* 第一次报数从 start 开始 */
    i=start;
    while(k>1)
    {
        if(a[i])
        {
            num++;
            if(num%3==0)
            {                  /* 报数到 3 的倍数了，这个人需要出队列 */
                a[i]=0;
                k--;
            }
        }
        i=(i+1)%n;
    }
    while(!a[loc++]);          /* 找到值为 1 的数组元素的位置 */
    free(a);                   /* 释放前面申请的空间 */
    return --loc;
}
```

例 10.26 一个整型二维数组，大小为 m×n，要求找出其中最大值所在的行和列，以及该最大值。请编一个函数 max，m 和 n 是该函数的形参，数组元素在 main 函数中输入，结果在函数 max 中输出。

解 当将一个二维数组作为形参传递到函数中时，C 语言要求必须能够确定出该二维数组的列大小，因此可以用行指针变量作为其形参。

本题要求找出二维数组中的最大值，该算法和在一维数组中找最大值十分类似。下面简要地介绍程序中所使用的算法：假定二维数组中的第 0 行第 0 列的元素是最大值，然后逐个地扫描整个二维数组中的元素，如果遇到比我们假定的最大值还要大的数，就以该数作为当前假定的最大值，重复这个过程，直到扫描完整个数组为止。

```
#include <stdio.h>
#define M 3
#define N 4
void max(int (*p)[4],int row,int col);
main( )
{
  int a[M][N];
  int i,j;
  for(i=0;i<M;i++)
      for(j=0;j<N;j++)
          scanf("%d",&a[i][j]);
  max(a,M,N);
}
void max(int (*p)[N],int row,int col)
{
  int i,j;
  int ret;                        /* 存放最大值 */
  int r=0,c=0;                    /* 存放最大值的位置 */
  for(i=0;i<row;i++)
      for(j=0;j<col;j++)
          if(p[i][j]>p[r][c])
          {                       /* 当前位置上的值比前面最大值还要大 */
              ret=p[i][j];
              r=i;c=j;
          }
  printf("MAX:%5d,row=%2d,col=%2d\n",ret,r,c);
}
```

例 10.27 有 n 个学生，每个学生考 m 门课程，要求编一程序，能检查 n 个学生有无不及格的课程，如果有某一学生有一门或一门以上课程不及格，就输出该学生的号码(学号从 0 开始)和其全部课程成绩。

解 我们可以将 n 个学生的 m 个课程成绩组成一个 n×m 的二维数组，其中每一行作为一个整体看待，表示一个学生的 m 门课程的成绩。处理过程上可以用一个行指针变量指向每一个学生的 m 个成绩，一旦该学生有不及格的课程，即将该指针变量所指向的所有课程成绩输出。因此，程序中可设计两个函数，一个用于判断是否有学生不及格，另一个用于将有不及格课程的学生的全部成绩输出。

```
#include <stdio.h>
#define N 5
#define M 4
void score(float (*p)[4],int row,int col);
void prt(float *s,int no,int len);
main( )
{
  float a[N][M]={{78,99,89,87},{67,59,87,77},
                 {86,53,59,95},{77,88,57,95},{78,75,87,95}};
  score(a,N,M);
}
void score(float (*p)[M],int row,int col)
{
  int i,j;
  int passed;                    /* 用来标记当前学生是否有未及格的课程 */
  for(i=0;i<row;i++)
  {
    passed=1;
    for(j=0;j<col;j++)
      if(p[i][j]<60.0) passed=0;
    if(!passed) prt(p[i],i,col);
  }
}
void prt(float *s,int no,int len)
{                                /* 打印当前学生的学号和各科成绩 */
  float *p;
  printf("No.%d",no);
  for(p=s;p<s+len;p++)
    printf("%5.1f",*p);
  putchar('\n');
}
```

例 10.28 编写一个函数，其功能是：删去一维数组中所有相同的数，使之只剩一个。假设数组中的数已按由小到大的顺序排列。

解 本题要求从一维数组中删除所有相同的数，使之只剩一个。经过删除后原数组元素及其个数都会产生变化，因此，需要编写的函数应有两个参数，一个是需要处理的数组，另一个为存放数组元素个数的变量的地址，返回删除后数组中元素的个数。因此，函数原型如下：

void unique(int *a, int *n);

由于题中说明数组中的数据已按从小到大的顺序排列，我们可以用一个整型变量存放当前已处理的数据元素的值，如果后面遇到比该值大的数，表明遇到一个新数，需要保留，否则应从数组中删除。由于删除后的数组不会比原数组的数组元素多，我们只需要将保留的数据依次存放到数组的相应位置，而对需要删除的数据置之不理，函数返回时返回最终的元素个数即可。

```
#include <stdio.h>
void unique(int *a,int *n)
{
    int k=1;
    int i,m;
    m=a[0];
    for(i=1;i<*n;i++)
    {
      if(a[i]>m)
      {
          a[k++]=a[i];
          m=a[i];
      }
    }
    *n=k;
}
main( )
{
   int a[ ]={1,1,2,2,2,3,4,4,5,6};
   int n=10;
   int i;
   printf("before delete...\n");
   for(i=0;i<n;i++)
     printf("%d",a[i]);
   printf("\n");
   unique(a,&n);
   printf("after delete...\n");
   for(i=0;i<n;i++)
     printf("%d",a[i]);
   printf("\n");
}
```

第 11 章　结构体、共用体和用户定义类型

11.1　学 习 要 求

掌握结构体类型及结构体类型的变量、数组、指针的定义，理解结构体的存储结构并能正确引用结构体中的成员；掌握结构体类型变量、数组初始化的方法；掌握函数的参数为结构体类型时，参数之间的正确传递；掌握通过函数值返回结构体类型数据和地址值的方法；初步掌握链表的概念及对链表的基本操作。

了解共用体类型及共用体类型变量的定义，理解共用体类型变量中各成员的存储结构并能正确引用各成员中的数据；了解枚举类型的定义方法及枚举类型数据的使用；了解用 typedef 定义数据类型别名的方法。

基本要求　能够阅读、编写和调试有关结构体的应用程序，初步掌握有关链表的一些基本操作。

11.2　内 容 要 点

【知识点】

(1) 结构体类型是一种用户自己定义的数据类型，它可以将一些关系密切但类型不同的数据组织起来构成一个整体来使用，而以前我们所使用的数组类型仅仅局限于处理一组类型相同的相关数据。

(2) 结构体类型的数据由若干称为“成员”的数据项组成，每一个成员都有类型与成员名，其类型可以是 C 语言中的任何基本数据类型，也可以是用户自己定义的任何类型，成员名的定义规则与变量名相同。

(3) 结构体类型的定义只是告诉系统定义了一种新的数据类型，确定这种类型所需的内存空间大小，但并未实际分配内存空间，只有在定义这种结构体类型的变量以后才为变量分配具体的内存空间。

(4) 结构体类型变量的定义有 3 种方式：① 先定义结构体类型，再定义结构体变量；② 在定义结构体类型的同时定义结构体变量；③ 在定义匿名结构体类型的同时定义该类型的结构体变量。

(5) 结构体变量所占内存的大小为其各成员所占内存大小之和。

(6) 对结构体变量的使用是通过对其成员的引用来实现的。点操作符“.”即为引用结构体成员的运算符。点操作符是左结合的，其运算优先级最高。

(7) 一般不允许对结构体变量进行整体的引用，但可用赋值运算符“=”将一个结构体变量的值整体赋给另一个同类型的结构体变量，这是个例外。

(8) 结构体变量的初始化与数组的初始化相似，只需注意对不同类型的成员应指定不同类型的初值，其顺序要求与结构体中的成员顺序保持一致。如果初始化值的个数少于结构体中的成员数目，则剩余的成员被自动初始化为 0(如果成员是指针，则初始化为 NULL)。

(9) 结构体类型的定义可以放在所有函数的外面，成为全局结构体类型，这样在该类型定义之后的任何函数内均可以定义这种结构体类型的变量；可以放在函数体中，所有语句之前，这时只有该函数内能够定义这种结构体类型的变量；还可以放在某个结构体内，这时就构成了所谓的嵌套结构体。

(10) 结构体类型数组的定义与普通类型数组的定义方式相同，只不过数组元素的数据类型是结构体类型而已。对结构体类型数组的访问必须要访问到成员一级，即先引用结构体数组元素，再引用成员。

(11) 结构体类型数组也可以初始化，形式上与二维数组相似，可以按单个结构体类型变量书写，用“{ }”括起来；也可以连续书写，只需注意对不同类型的成员应指定不同类型的初值，其顺序要求与结构体中的成员顺序保持一致。

(12) 同一般类型的数组一样，结构体类型数组也不能利用赋值运算进行整体赋值。

(13) 结构体指针变量是用来指向一个结构体变量的指针变量，即存放该变量所分配的存储空间的首地址。结构体指针变量也可以用来指向结构体数组中的元素。

(14) 利用结构体指针变量引用结构体成员有两种方式：

① 先通过指针运算符“*”获取指针变量所指的整个结构体变量，然后再引用成员，即

(*结构体指针变量名).成员名

注意：“.”运算符优先级比“*”运算符高，所以括号不能少。

② 使用指向运算符“->”来引用成员。即

结构体指针变量名->成员名

指向运算符“->”具有左结合性，其优先级为最高。

(15) 通过在结构体成员中定义指向结构体自身的指针变量可以建立链表。链表的结点至少由两个域构成：数据域和指向下一个结点的指针域。数据域可以包含一个或多个不同的数据，也可以有结构体类型数据等；指向下一个结点的指针域是一个指针成员，此指针所指向的数据的类型就是此结点类型。在构造链表时，链表尾端结点的指针域应该赋空值。

(16) 结构体变量、结构体指针变量都可以作为函数的参数，也可以将函数定义为结构体类型或结构体指针类型(返回值为结构体、结构体指针)。

(17) 把不同类型的变量放在同一存储区域内，就是一种共用体结构。其特点是：同一内存区域可以用来存放不同类型的成员，但在某一瞬时只能存放其中的一种成员(即只有一种成员值有效)。

(18) 共用体类型变量的定义与引用，形式上与结构体类型变量的定义与引用完全相同，但要注意二者有着本质的区别：

① 存储结构不同。结构体变量所占的内存空间大小为所有成员占用的内存空间大小之和，各个成员各自占据自己的内存空间，所以各成员地址不相同；而共用体变量所占内存空间大小则为成员中占用内存空间最大的那个成员的内存空间大小，所有成员共享同一段内存，因此各成员的首地址完全相同。

② 初始化不同。结构体变量的初始化可对各个成员进行初始化，而共用体变量的初始化只能对第一个成员进行初始化。

(19) 所谓“枚举”就是把所有可能的取值情况列举出来。枚举变量的值只限于列举出来的值的范围。使用枚举变量的主要其目的是提高程序的可读性。

(20) 用 typedef 只是对已存在的数据类型增加一个别名，并没创建新的类型。使用类型

定义可以简化一些较长的类型说明，提高程序的可读性，也可使程序具有更好的可移植性。

【重点】

(1) 结构体类型的定义及结构体变量的定义与引用。

(2) 结构体数组的定义、初始化及其简单应用。

(3) 结构体指针变量的定义及正确使用。

(4) 函数的参数为结构体变量及结构体指针变量时的正确使用。

(5) 结构体变量与共用体变量在内存中的存储结构。

【难点】

(1) 通过指向结构体类型的指针变量引用结构体成员的方法。

(2) 结构体数组与数组作为结构体成员在引用方式上的不同。

(3) 对链表的一些简单操作，如：创建、遍历链表，在链表中添加、删除结点等。

(4) 结构体变量与共用体变量的存储结构的区别。

【典型错误分析】

1. 定义结构体类型时出错

(1) 在结构体类型定义的末尾忘记加上分号“;”。例如

```
struct st
{
    int x;
    int z;
}                                        /* error */
main( )
{
    struct st y={10,20};
}
```

此程序段在 Turbo C 中编译时会出现如下错误信息：

```
main must have a return type of int
```

该信息表示 main 函数的返回值应该是整型,而并没有明确指出结构体类型定义的末尾缺少分号。我们知道，如果在函数名前不特别声明函数值的返回类型就会默认它的返回值类型为整型。本例中由于结构体类型 struct st 定义的末尾没有分号，编译器就会将 main( )函数前面的结构体类定义视为它的返回类型，所以出现上述错误信息。因此要注意，结构体类定义末尾的分号“;”不能少。

(2) 在定义结构体类型时就对成员变量赋初值。例如

```
struct info
{
    char name[20];
    struct date
```

```
    {
      int year,month,day;
    }birthday={2007,1,1};             /* error */
  };
```

结构体类型定义只是确定该结构体类型所需的内存空间大小，并不分配实际内存空间，所以，在定义结构体类型时直接给其成员变量赋初值是错误的，无法将这些初值存放在内存空间中。

2. 用结构体名直接定义变量

例如

```
  struct complex
  {
    float r,i;
  };
  complex c={3.0,5.5};             /* error */
```

编译时会出现下列错误：

```
  error C2065:'Complex':undeclared identifier
```

这是因为complex只是一个结构体名，只有当struct complex连在一起时才构成一个数据类型，才能用来定义结构体变量。因此，正确的定义形式为

```
  struct complex c={3.0,5.5};
```

3. 误将结构体名作为结构体变量名使用

例如

```
  struct student
  {
    long int num;
    char name[20];
    int age;
    float sc
  };
  student.num=199401;
```

此程序段中的student是结构体名，而不是结构体变量名，因此，不能通过它来引用结构体的成员。

4. 引用结构体成员时出错

(1) 对结构体类型的数组成员引用错误。例如

```
  struct student
  {
    char name[20];
    char sex;
```

```
};
struct student stud;
stud.name="Wang Qang";            /* error */
stud.sex='M';
```

编译时会出现错误。这是因为不能直接通过赋值运算将一个字符串赋给一个字符数组。故当结构体类型的成员是数组时，也应遵循这个规则。这里可以使用字符串操作函数 strcpy 来实现：

```
strcpy(stud.name,"Wang Qang");
```

也可以利用其他变通方式，如

```
char *str="Wang Qang";
n=0;
while(str[n])
  stud.name[n]=str[n++];
stud.name[n]='\0';
```

(2) 对结构体类型的指针成员引用错误。例如

```
struct test
{
  int *ip;
  int n;
};
struct test v;
*v.ip=2;
v.n=10;
```

此程序段在编译时不会报错，但在执行中则有可能出错。这是因为结构体变量 v 的成员变量 ip 是一个指针，在没有给其指定地址值时就进行操作会出现内存问题。上述程序段后两行应该改为

```
v.ip=(int *)malloc(sizeof(int));
*v.ip=2;
v.n=10;
```

(3) 使用结构体指针变量引用成员出错。例如

```
struct stu
{
  int no;
  char nane[16];
  float score;
};
struct stu *p,x;
  ......
*p.no=15;                         /* error */
  ......
```

由于C语言中“.”运算符的优先级高于“*”，故应改为：(*p).no=15;或 p->no=15;。

5. 对结构体类型数组的不正确操作

例如

```
struct Complex
{
   double r,i;
};
struct Complex c[]={12.0,2.1,22.0,7.1,112.2,2.7};
c.r=0.0;                          /* error */
```

此程序段在编译时会出现如下错误信息：

```
error C2231:'.r':left operand points to'struct',use '->'
```

即：左操作数是一个指向结构体 'struct' 的指针，应该用 '->' 操作符。所以，正确引用方式应该为：c->r=0.0;或 c[0].r=0.0;。

6. 链表尾部标识不明导致程序不能正常运行

例如

```
struct node
{
   int data;
   struct node *next;
};
struct node *head=(struct node *)malloc(sizeof(struct node));
struct node *p=head;
int n;
for(n=0;n<4;n++)
{
   p->next=(struct node *)malloc(sizeof(struct node));
   p->next->data=n+1;
   p=p->next;
}
p=head->next;
while(p)
{
   printf("%d\n",p->data);
   p=p->next;
}
```

此程序段在编译时不会报错，但在执行中则出错。这是因为链表尾部没有置空指针。为了使得上述程序段运行正常，只需要在语句 p=head->next;前加上：p->next=0;。

11.3 典型例题分析

〖选择题〗

例 11.1 设有下列定义，以下各选项中正确的是(　　)。

```
struct point
{
   int  x;
   int  y;
}p1;
```

A. point p2={88, 33};　　　B. point.x=30;

C. struct p2; p2.y=49;　　　D. struct point p2={22};

解 本题的关键是掌握结构体类型变量的定义与引用的正确方法。

选项 A 的错误是将结构体名作为结构体类型名使用。

选项 B 的错误是通过结构体名引用结构体成员。

选项 C 的错误则是将关键字 struct 作为结构体类型名使用。

选项 D 是定义结构体变量 p2 并对其初始化，初始值只有前一部分，这是允许的。

因此，正确答案为选项 D。

例 11.2 设有下列定义，以下各选项中对 Zhangsan 的赋值正确的是(　　)。

```
struct date
{
    int year ;
    int month;
    int day ;
};
struct  student
{
    char name [10];
    char sex;
    char telephone [9];
    struct date birthday ;
}Zhangsan;
```

A. Zhangsan.year=2000　　　B. birthday.year=2000

C. Zhangsan.birthday.year=2000　　　D. person.birthday.year=2000

解 本题的关键是掌握嵌套定义的结构体成员的引用。不论结构体嵌套的层次有多少，只能从最外层开始，逐层用“.”运算符展开。

注意：展开时必须使用变量名而不是结构体名。只有这种展开方式才能清楚地说明成员的所属关系。

因此，正确答案为选项 C。

例 11.3 设有下列定义：

```
struct node
{
  char *pChar;
  int num;
  double d;
}myNode;
```

则在 16 位编译器中，myNode 所占内存空间大小为(　　)。

A. 11 字节　　B. 12 字节　　C. 15 字节　　D. 16 字节

解　本题的关键是掌握结构体类型变量所占内存空间的大小。

在 16 位编译器(如 Turbo C)中，一个整数变量占 2 个字节；指针变量，不管其所指的类型是什么，都占 2 个字节；一个双精度变量占 8 个字节。结构体类型变量所占内存空间大小为其各成员变量所占内存空间大小之和。

因此，正确答案为选项 B。

如果是在 32 位编译器(如 Visual C++)中，一个整型变量占 4 个字节；指针变量，不管其所指的类型是什么，都占 4 个字节；一个双精度变量占 8 个字节。这样 myNode 所占内存空间大小为 16 个字节。

例 11.4　现有一个链表，如图 11-1 所示。将其中 q 和 r 所指的结点交换，并保持原有连续性，以下不正确的语句组是(　　)。

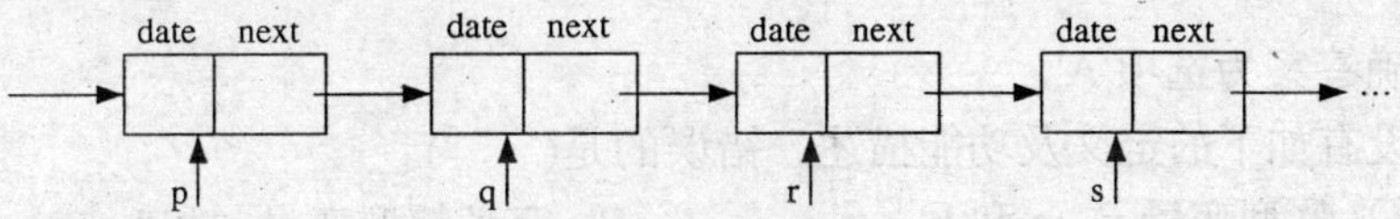

图 11-1　链表

A. r->next=q; q->next=r->next; p->next=r;

B. q->next=r->next; p->next=r; r->next=q;

C. p->next=r; q->next=r->next; r->next=q;

D. q->next=r->next; r->next=q; p->next=r;

解　本题的关键是掌握有关链表操作的方法。

其中选项 B、C、D 都能达到要求，选项 A 是不正确的语句组。若在选项 A 中将语句 q->next=r->next;放在语句 r->next=q;之前就是正确的。

因此，正确答案为选项 A。

例 11.5　对于下列定义，不正确的叙述是(　　)。

```
union data
{
  int i;
  char c;
  float f;
}a,b;
```

A. 变量 a 所占内存空间的大小等于成员 f 所占内存空间的大小

B. 变量 a 的地址和它的各成员地址都是相同的

C. 可以在定义时对 a 初始化

D. 不能对变量 a 赋值，故 a=b 非法

解 本题的关键是掌握共用体变量的存储结构及其引用。

因为共用体的所有成员共用同一段存储区域，故选项 A、B 都是正确的；大多数的 C 语言版本允许在定义共用体变量的同时进行初始化，所以，选项 C 也是正确的；因为 a 含有多个成员，因此不能对其整体赋值，这是指 a={10}或 a=10 之类的运算是非法的，但同类型变量间的赋值是可以的。

因此，正确答案为选项 D。

例 11.6 执行下列程序段后的输出结果是(　　)。

```
enum weekday {sun,mon=3,tue,wed,thu};
enum weekday day;
day=wed;
printf("% d\ n",day);
```

A. 5　　B. 3　　C. 4　　D. 编译时出错

解 本题的关键是明确枚举常量所对应的序号的数值及其变化规律。

系统为每一个枚举常量定义一个表示序号的数值，第一个枚举常量的值为 0，其后的依次顺序增 1。当某一个枚举常量在定义中被明确指定序号值时，其后的枚举常量对应的数值是在此基础上依次顺序增 1。所以，wed 的值为 5。枚举变量可以按整数输出，故输出结果为 5。

因此，正确答案为选项 A。

例 11.7 设有如下的定义及功能描述，错误的是(　　)。

A. 定义整型变量 x、a 和 b

```
typedef int INT;
INT x;
int a,b;
```

B. 定义整型变量 a 和 b

```
#define INTEGER int
INTEGER a,b;
```

C. 定义字符类型的指针变量 x 和 y

```
typedef char * cp;
cp *x,*y;
```

D. 定义结构体变量 a 和 b

```
typedef struct
{
   int x,y;
   char cx[10];
}st;
st a,b;
```

解 本题的关键是正确掌握 typedef 的使用方法。

用 typedef 定义的类型别名(注意：不是定义新类型)只是原类型的一种补充，它们可以同时使用，所以选项 A 是正确的。

选项 B 中#define 命令也可以“定义”类型，但注意与 typedef 是有区别的，前者是进行符号串替换，后者是直接给已有的类型另起别名。

选项 C 中 cp 本身是数据类型，表示指向字符的指针类型，所定义的 x 和 y 实质是指向字符指针类型的指针变量，与功能描述的不符。

选项 D 中的定义将一个结构体类型另命名为 st，再用 st 来定义结构体变量 a 和 b。

因此，正确答案为选项 C。

〖填空题〗

例 11.8 设有下列结构体类型及结构体变量的定义，程序中通过 scanf 语句为 a、b 变量中的 data 域读入数据，请填空。

```
struct node
{
   int data;
   struct node *next;
}a,b;
……
scanf("%d %d",_______);
……
```

解 本题的关键是弄清楚对结构体变量的输入输出操作实际上就是对其成员的输入输出操作。

答案 &a.data，&b.data。

例 11.9 假设 int 型变量在内存中占 2 个字节，若有下列程序段，请填空。

```
struct  aa
{
   int i;
   char c;
};
struct st
{
   int a[6];
   struct aa c;
}w[3],*pw;
pw=w;
```

(1) 数组 w 在内存中所占字节数是____①____。

(2) 通过数组 w 中第 0 个元素引用结构体成员中 a[3]的形式是____②____。

(3) 通过数组 w 中第 0 个元素引用 aa 结构体中 c 成员的形式是____③____。

(4) 通过指针变量 pw 引用 w 第 0 个元素中 a[3]的形式是____④____。

(5) 通过指针变量 pw 引用 w 第 1 个元素 aa 结构体中 c 成员的形式是____⑤____。

解 本题的关键是熟悉结构体变量的存储结构并能正确引用结构体中的各成员项。

答案 ① 45;

② w[0].a[3];

③ w[0].c.c;

④ pw->a[3] 或 (*pw).a[3];

⑤ *(pw+1).c.c 或 (pw+1)->c.c 或 pw[1].c.c。

例 11.10 阅读下面程序，假设输入书名为"C language"，则输出结果是________。

```
#include <stdio.h>
#include <string.h>
#define N 3
struct BOOK
{
  char *type;
  float price;
}b[N]={{"Math",19.8},{"C language",25.9},{"English",23.6}};
float s(char * b1)
{
  int i;
  float k=0;
  for(i=0;i<N;i ++)
  if(!strcmp(b1,b[i].type))
    k=b[i].price;
  return k;
}
main( )
{
  char t[20];
  printf("Booktype:");
  scanf("%s",t);
  printf("%.2f",s(t));
}
```

解 本题的关键是正确掌握对结构体数组元素的操作。

本程序的功能是从键盘上输入一书名，然后查出此书的价格。程序中假设输入的书名是字符串"C language"，而 BOOK 结构体数组 b[N]中存入了 3 本书(程序开始宏定义 N 为 3)的书名和价格。在 main( )中，通过调用 s 函数来查找输入的书名和价格，即用输入字符串比较 b[N]结构体数组中的 type 成员。找到指定的书后，取出 price 成员(书的价格)的相应值返给主程序。main( )中按实型小数点后保留 2 位格式输出书价。

答案 25.90。

例 11.11 下列程序的输出结果是________。

```
#include <stdio.h>
main( )
{
  union ex
  {
    struct
    {
      int x;
```

```
        int y;
      }ez;
      int a;
        int b;
    }ec;
    ec.a=1;
    ec.b=2;
    ec.ez.x=ec.a*ec.b;
    ec.ez.y=ec.a+ec.b;
    printf("%d,%d\n",ec.ez.x,ec.ez.y);
  }
```

解 本题的关键是掌握共用体变量的使用特性。共用体变量在某一瞬时只能存放其中的一种成员值，在某一时刻使用时只有最近存放的成员值有效。

答案 4，8。

例 11.12 已知 head 指向一个带头结点的链表，链表中每个结点包含整型数据域(data)和指向链表结点的指针域(next)，下列函数的功能是返回链表中所有结点的数据域的求和值，请填空。

```
struct list
{
  int data;
  struct list *next;
};
main( )
{
  struct list *head;
  int s;
  s=sum(head);
  ……
}
sum(____①____)
{
  struct list *p;
  int s=0;
  p=h->next;
  while(p!=NULL)
  {s=____②____;p=____③____;}
  return s;
}
```

解 本题的关键是熟悉链表的基本操作及函数中形式参数的定义。

答案 ① struct list *h；② s+p–>data；③ p–>next。

例 11.13 下列程序的输出结果为________。

```
#include <stdio.h>
main( )
{
   enum abc{grey=5,red};
   char *str[ ]={"red","green","blue","white","yellow","black","grey"};
   printf("%s\n",str[red]);
}
```

解 本题的关键是熟悉枚举类型的灵活应用。

在枚举类型的定义中，当 grey=5 时，系统自动将其后的枚举元素 red 设定为 6。从而 str[red]=str[6]，其值指向字符串“grey”。

答案 grey。

例 11.14 设有下列定义：

```
struct description
{
   int len;
   char *str
}
struct description s[]={{0,"abcdef"},{1,"ABCDEF"}};
struct description *p=s;
```

试确定以下各个表达式的值并简要说明其运算过程。

(1) ++p->len

(2) p->len++

(3) (++p)->len

(4) (p++)->len

(5) ++*p->str

(6) *p->str++

(7) (*p->str)++

(8) *p++->str

(9) *++p->str

(10) *(++p)->str

解 本题的关键在于按运算符的优先级顺序逐步理解表达式，弄清最终引用的是哪一个数据对象。

(1) 该表达式的值为 1。因为->的优先级高于++，p->len 的结果即 s[0].len，++p->len 的结果是对 s[0].len 加 1 之后的结果。

(2) 该表达式的值为 0。运算符的优先级情况同(1)，但由于后缀式++运算的延迟，p->len++的结果是对 s[0].len 加 1 之前的结果。

(3) 该表达式的值为 1。由于( )的优先级最高，所以(++)运算优先于->，(++p)->len 的结果是指针变量 p 加 1 之后所指对象(即 s[1].len)。

(4) 该表达式的值为 0。运算符的优先级情况同(3)，但由于后缀式++运算的延迟，

(p++)->len 的结果是指针变量 p 加 1 之前所指对象(即 s[0].len)。在引用 s[0].len 之后指针变量 p 加 1(即指向 s[1])。

(5) 该表达式的值为'b'。->的优先级高于*和++，*和++又为同一优先级右结合的运算符，p->str 的结果是 s[0].str，而*p->str 的结果是 s[0].str 所指向的字符，++*p->str 的结果是 s[0].str 所指向的字符加 1。

(6) 该表达式的值为'a'。->的优先级高于*和++，*和++为同一优先级右结合的运算符。所以本小题的运算次序为：->优先，++其次(++作用于 p 指向的 str 上)，*最后(*也作用于 p 指向的 str 上)。但由于++为后缀延迟运算，因此，*p->str++的结果就是 s[0].str 所指向的字符串中的第 0 个字符即'a'。在完成*运算后，s[0].str 才加 1(指向该串的下一个字符)。

(7) 该表达式的值为'a'。由于( )运算的优先级最高，所以( )里的->运算优先，*其次，结果与(6)同。有区别的是(6)中的++是使 s[0].str 加 1，而本小题是使 s[0].str 所指的对象加 1。

(8) 该表达式的值为'a'。按照++和->运算表达式的语法规定，->的左操作数不可能为++，而++的操作数也不可能是 str，因此，++是作用于指针变量 p 而使 p 加 1。由于++为后缀延迟运算，所以*p++->str 的运算次序依次为->、*、++，其结果为 s[0].str 所指向的字符'a'(在完成*运算之后，p 加 1)。

(9) 该表达式的值为'b'。本小题很容易与(8)弄混淆，注意两者的细微差别：*++p->str 的运算顺序是先完成 p->str(即 p 指向了 s[0].str 中的'a')，再完成++运算，使 p 指向的 str 加 1，最后完成*运算得到'b'；而(8)的++运算是完成 p->str 运算之后，使 p 加 1，指向的元素变为 s[1].str(即'A')。

(10) 该表达式的值为'A'。很明显，( )的优先级最高，所以*(++p)->str 中各运算符的优先次序为(++)、->、*，这样*(++p)->str 的结果就是 s[1].str 所指向的字符'A'。

〖编程题〗

例 11.15 编写程序，进行两个复数的相减。

分析 将复数定义成一个结构体，其成员就是实部和虚部。通过成员相减运算来实现复数的相减操作。

```
#include <stdio.h>
struct Complex
{
  double m_r,m_i;
};
struct Complex sub(struct Complex c1,struct Complex c2)
{
  struct Complex c;
  c.m_r=c1.m_r-c2.m_r;
  c.m_i=c1.m_i-c2.m_i;
  return c;
}
main( )
{
```

```
    struct Complex c1={1.2,2.3},c2={0.2,0.3};
    struct Complex c;
    c=sub(c1,c2);
    printf("c=%g+i%g\n",c.m_r,c.m_i);
}
```

例 11.16 假设大学选修课程成绩用“优”(A)、“良”(B)、“中”(C)、“及格”(D)、“不及格”(E)来评定，而必修课程成绩是用 0~100 的具体整数来评定。如果描述学生成绩的数据项包括：学号、课程名、学习性质(即是必修还是选修)、成绩评定。编写程序，输入若干学生的成绩，然后，输入一个学号，查询该生的所有成绩。表 11-1 列出了部分同学的学习成绩。

表 11-1 部分同学的学习成绩

学号	课程名称	学习性质	成绩评定
2006030215	C 语言	必修	94
2006010702	C 课程设计	选修	A
2006070731	高等数学	必修	89
2006030215	网页制作	选修	B
2006010702	大学物理	必修	92

分析 显然，描述学生成绩的数据项应该是结构体类型，而其中的成绩一项应该是共用体类型，因为对于必修课，成绩是整型数，而对于选修课，成绩是字符。

```
#include <stdio.h>
#include <string.h>
#define N 5
struct student
{
  char num[10];                               /* 学号 */
  char course[12];                            /* 课程名称 */
  int kind;                                   /* 学习性质：0—必修 1—选修 */
  union
  {
    char c;
    int s;
  }score;                                     /* 课程的成绩评定 */
};
void input(struct student *stu,int size);    /* 输入学生成绩的函数 */
int  find(struct student *stu,int size);     /* 根据学号查询并输出的函数 */
main( )
{
  int i;
  struct student st[N];
  input(st,N);
  i=find(st,N);
```

```
    if(i==0) puts("\n sorry! not find!");
}
void input(struct student *stu,int size)
{
    int i;
    for(i=0;i<size;i++)
    {
      scanf("%s%s%d",stu[i].num,stu[i].course,&stu[i].kind);
      if(stu[i].kind==1)                   /* 若是选修 */
        scanf("%c",&stu[i].score);         /* 输入一个字符 */
      else                                 /* 否则是必修 */
        scanf("%d",&stu[i].score);         /* 输入具体分数 */
    }
}
int find(struct student *stu,int size)
{
    int i,flag=0;
    char str_num[10];
    puts("please input a student number:");
    scanf("s%",str_num);                   /* 输入待查询的学号 */
    for(i=0;i<size;i++)
    {
      if(strcmp(str_num,stu[i].num)==0)    /* 逐个比较是否有匹配的字符串 */
      {
        if(stu[i].kind==1)                 /* 选修 */
          printf("\n %10s %15s %10s %4d\n",
                stu[i].num,stu[i].course,"elective",stu[i].score);
        else                               /* 必修 */
          printf("\n %10s %15s %10s  %4d\n",
                stu[i].num,stu[i].course,"need",stu[i].score);
        flag=1;                            /* 设置查找成功标志 */
      }
    }
    return flag;
}
```

例 11.17 利用链表实现一个简易的图书管理系统。书籍信息包括：书名、作者、出版社、出版日期(用字符串)等，功能有：① 添加书籍；② 删除书籍；③ 查找书籍；④ 打印所有书籍。

分析 本题实际上就是通过链表的操作来完成书籍的添加、删除、查找和打印。

```
#include <stdio.h>
```

```
#include <stdlib.h>
#include <string.h>
struct Books                                    /* 书结点 */
{
   char name[255],auther[20],press[255],publish_date[20];
   struct Books *next;
}*head;                                         /* 头指针为全局变量 */
void addBook( )                                 /* 由键盘添加一本书 */
{
   struct Books *p,*q=head;
   if(!head) return;                            /* 如果头结点为空就返回 */
   p=(struct Books *)malloc(sizeof(struct Books));
   while(q->next) q=q->next;                    /* 找到尾结点 */
   printf("书名:");gets(p->name);
   printf("作者:");gets(p->auther);
   printf("出版社:");gets(p->press);
   printf("出版日期:");gets(p->publish_date);
   q->next=p;p->next=0;
}
void Print(struct Books *p)                     /* 打印所有书籍 */
{
   while(p)
   {
      printf("书名:%s\n",p->name);
      printf("作者:%s\n",p->auther);
      printf("出版社:%s\n",p->press);
      printf("出版日期:%s\n",p->publish_date);
      p=p->next;
   }
}
void DeleteBook(char *name)                     /* 删除书名为 name 的结点数据 */
{
   struct Books *p,*q;
   if(!head) return;
   p=q=head->next;
   if(p&&strcmp(p->name,name)==0)
   {
      head->next=p->next;
      free(p);
      return;
```

```
    }
    else
      q=p->next;
    while(q&&strcmp(q->name,name))
      p=q,q=q->next;
    if(q)
      p->next=q->next,free(q);
}
struct Books *Find(char *name)
{                                          /* 查找书名为 name 的所有书籍，并用一个链表保存起来 */
    struct Books *h=0,*p,*q;
    if(head==0)return h;
    h=(struct Books *)malloc(sizeof(struct Books));
    p=head->next;
    q=h;
    while(p)
    {
      if(strcmp(p->name,name)==0)
      {
        q->next=(struct Books *)malloc(sizeof(struct Books));
        q=q->next;
        strcpy(q->name,p->name);
        strcpy(q->auther,p->auther);
        strcpy(q->press,p->press);
        strcpy(q->publish_date ,p->publish_date);
        q->next=0;
      }
      p=p->next;
    }
    return h;                              /* 返回此链表 */
}
void Destroy(struct Books *h)              /* 销毁链表 */
{
    if(h)                                  /* 利用递归函数 */
      Destroy(h->next),free(h);
}
main( )
{
    char ch[2]="y";
    struct Books *h;
```

```
    head=(struct Books *)malloc(sizeof(struct Books));
    head->next=0;
    while(ch[0]=='y')
    {
       addBook( );
       printf("是否需要再添加? (y/n)");
       gets(ch);
    }
    printf("库存: \n");
    Print(head->next);
    h=Find("C Language");
    if(h&&h->next)
    {
       printf("查找结果: \n");
       Print(h->next);
    }
    Destroy(h);
    Destroy(head);
    head=0;
}
```

程序运行结果:

```
书名: C Language↙
作者: Zhou Yuncai↙
出版社: 科学出版社↙
出版日期: 2003-10-22↙
是否需要再添加? (y/n)y↙
书名: 算法设计与分析↙
作者: Lipman↙
出版社: 高等教育出版社↙
出版日期: 2002-12-01↙
是否需要再添加? (y/n)y↙
书名: C Language↙
作者: Hilbert↙
出版社: 中华书局
出版日期: 1999↙
是否需要再添加? (y/n)n↙
库存:
书名: C Language
作者: Zhou Yuncai
出版社: 科学出版社
```

出版日期：2003-10-22
书名：算法设计与分析
作者：Lipman
出版社：高等教育出版社
出版日期：2002-12-01
书名：C Language
作者：Hilbert
出版社：中华书局
出版日期：1999
查找结果：
书名：C Language
作者：Zhou Yuncai
出版社：科学出版社
出版日期：2003-10-22
书名：C Language
作者：Hilbert
出版社：中华书局
出版日期：1999

注：斜体字为键盘输入，其余为程序运行结果。

第12章 位 运 算

12.1 学 习 要 求

掌握C语言提供的位运算符的运算功能及用法，能够利用位运算符进行基本运算。

了解位段的概念及用法。

基本要求 能够利用位运算的特性进行一些有关位操作的特殊处理。

12.2 内 容 提 要

【知识点】

(1) 所有的数据在计算机内部都是用位序列表示的，每一位的值为0或1。在大多数的系统中，连续的8位构成一个字节，它是一个char类型变量的标准存储单位，其他类型的数据则需要更多的字节数存储。

(2) 位运算是C语言的一种特殊运算功能，它是指按二进制位进行的一种运算。位运算符有如下6种：

&	按位与	|	按位或	∧	按位异或
~	按位取反	<<	左移位	>>	右移位

各个位运算符的优先次序分别是：~、<<和>>、&、∧、|。

(3) 位运算符只能用来处理整型或字符型数据，不能作用于其他类型的数据。

(4) 位运算符中除了取反"~"运算符是单目运算符外，其余的运算符都是双目运算符。

(5) 利用位运算可以完成汇编语言的某些功能，如置位、位清零、移位等，还可进行数据的压缩存储和并行运算。例如，"&"的主要用途是取(或保留)一个数的某(些)位，其余各位置0；"|"的主要用途是将一个数的某(些)位置1，其余各位不变；"∧"可以使一个数的某(些)位翻转(即原来为1的位变为0，为0的位变为1)，其余各位不变。

(6) 一个数与自身进行按位异或等价于全部清0。

(7) 对0取反运算可以得到一个各位全部为1的整数。

(8) 对于一定范围内的正整数，左移一位等价于乘以2，右移一位等价于除以2。

(9) 一个负数在逻辑右移下可能变成正数，而在算术右移下依然是负数。

(10) 位段实际上是一种特殊的以位为单位定义长度的结构体类型。利用位段可以直接操作字节或字中某一位或几位。使用位段变量时要特别注意：位段只能定义为int(或unsigend)类型的变量，同时不能超越位段允许的最大值。

【重点】

(1) 位运算符的语义及作用。

(2) 位运算的应用。

【难点】

(1) 位运算的实际应用。

(2) 位段的概念及使用。

【典型错误分析】

1. 位运算的意义不清楚

所谓位运算就是按二进制位进行运算。在阅读和分析有关位运算的题目时，要先把题目中的十进制数或八进制数转化为二进制后，再来进行位运算。如：5|6，先把5和6分别化为二进制101和110，然后进行按位或运算得到111，转换成十进制就是7。

2. 混淆逻辑与/或(&&/||)运算以及按位与/或(&/|)运算

逻辑与/或是对运算符两侧的运算对象直接进行的运算，而按位与/或是对运算符两侧的运算对象按二进制位进行的运算。例如

`x=1&&2;`	逻辑运算的结果为“真”，用1表示
`x=1&2;`	位运算的结果为0
`x=1|2;`	位运算的结果为3
`x=1||2;`	逻辑运算的结果为“真”，用1表示

3. 位运算的一些特性掌握不够

各种位运算都有一些特有的性质，如果不能很好地掌握，往往在处理时走些弯路或者出错。按位与运算经常用于取一个数据的若干位，按位或运算常用于将一个数据的某些位置1。

12.3 典型例题分析

〖选择题〗

例 12.1 在左移时被移出的高位中不包含1的情况下，对一个无符号整数a左移一位相当于(   )。

A. a乘以2　　B. a除以2　　C. a乘以16　　D. a除以16

解 本题的关键是要掌握左移运算的作用和性质。左移一位相当于乘以2。

因此，正确答案为选项A。

例 12.2 下列程序的输出结果是(   )。

```
main( )
{
  char a=7;
  printf("%d,%d\n",~a,!a);
}
```

A. 0，8　　B. 8，0　　C. −8，0　　D. 0，−8

解 本题的关键是要掌握按位取反的作用。

由于 a=$(00000111)_2$，按位取反后得到~a=$(11111000)_2$，刚好是−8 的补码。另外由于 a 是非 0 值，所以!a=0。

因此，正确答案为选项 C。

例 12.3 下列程序中 c 的二进制值是(　　)。

```
char a=3,b=6,c;
c=a^b<<2;
```

A. 00011011　　B. 00010100　　C. 00011100　　D. 00011000

解 本题的关键是掌握位运算符的优先次序。

“∧”的优先级低于“<<”，所以先进行 b<<2 的运算，b=6，其二进制形式为 00000110，左移两位后变为 00011000，再与 a(二进制形式为 00000011)进行∧运算，最终结果为 00011011。

因此，正确答案为选项 A。

例 12.4 下列程序段中，正确的是(　　)。

A.
```
struct ex
{
   int x;
   float y;
   unsigned a:2;
   unsigned b:3;
   char cx [10];
};
```

B.
```
struct ex
{
   unsigned a:3;
   unsigned b:4;
}x;
unsigned *p=&x.a;
```

C.
```
struct ex
{
   int a ;
   float x:4;
} y={1,1,0};
float data=y.x;
```

D.
```
struct nd
{
   int a,b:3;
   unsigned c[2]:2;
};
```

解 本题的关键是要掌握使用位段时应该注意的几个问题。

选项 A 的结构体定义中，混合使用了普通成员和位段成员，是合法的定义形式。

选项 B 的错误是使用了位段成员的地址&x.a，因为 1 个位段成员通常无独立的存储单元，故取位段成员地址属非法运算。

在选项 C 中，错误来自于 float x:4;。因为位段成员只能是 int 或 unsigned 类型，其他类型则是非法的。

选项 D 中的错误是 unsigned c[2]:2;。因为位段成员不能排成数组，此外，注意定义中的 int a,b:3;，其含义是定义 1 个 int 类型的成员 a 和 1 个占 3 个二进制位的成员 b。

因此，正确答案为选项 A。

〖**填空题**〗

例 12.5 设 a=00101101，若想通过 a∧b 运算使 a 的高 4 位取反，低 4 位不变，则 b 的二进制数应该是________。

解 本题的关键是掌握∧运算符的运算规则，从结果逆推求出 b 的二进制数为：

11110000。

例 12.6　a∧=b+c 等价的语句为________。

解　∧=是将按位异或和赋值运算符组合起来的一个复合赋值运算符。

a∧=b+c　等价于　a=a∧(b+c)

例 12.7　5+3<<2 的值为________。

解　由于+的优先级高于<<，所以此语句等价于(5+3)<<2，即将 8 左移 2 位。其值为

$$8\times 2^2=32$$

例 12.8　设 a 为任意整数，运用位运算能将 a 中的全部二进制位均置成 1 的表达式是______。

解　我们知道，“|”的主要用途是将一个数的某(些)位置 1，其余各位不变，现要将 a 中的全部二进制位均置成 1，那么，该表达式只可能是：a|~a。

〖编程题〗

例 12.9　不用计算，将一个十进制长整型数化成二进制数表示。

分析　本题利用位段来进行处理。

```
struct Bit_8
{
  unsigned bit1 :1;
  unsigned bit2 :1;
  unsigned bit3 :1;
  unsigned bit4 :1;
  unsigned bit5 :1;
  unsigned bit6 :1;
  unsigned bit7 :1;
  unsigned bit8 :1;
};
union DATA
{
  unsigned long integer;
  struct Bit_8 b[4];
}a;
#define BITNUM 4
void PrintBit(union DATA a)
{
  int j;
  struct Bit_8 *p;
  printf("%d=",a.integer);
  for(j=0;j<BITNUM;j++)
  {
    /* 从高 8 位取起 */
```

```
        p=a.b[BITNUM-j-1];
        /* 从高位开始打印，符合人的视觉 */
        printf("%d%d%d%d%d%d%d%d",p->bit8,p->bit7,p->bit6,p->bit5,
               p->bit4,p->bit3,p->bit2,p->bit1);
    }
    printf("\n");
}
main( )
{
    a.integer=5827313;
    PrintBit(a);
}
```

程序运行结果:

```
5827313=00000000010110001110101011110001
```

也可以利用此方法，不需计算就可以将一个十进制的整数转化为十六进制的整数。只需将上面的结构体类型和共用体类型的定义换为

```
struct Bit_4
{
    unsigned Bit4_1:4;
    unsigned Bit4_2:4;
};
union DATA
{
    unsigned long integer;
    struct Bit_4 b[4];
}a;
```

打印函数则变为

```
void PrintBit16(union DATA a)
{
    int j;
    struct Bit_4 *p;
    printf("%d=",a.integer);
    for(j=0;j<BITNUM;j++)
    {
        p=a.b[j];
        printf("%X%X",p->Bit4_2,p->Bit4_1);      /* 以十六进制形式打印 */
    }
    printf("\n");
}
```

则语句

```
a.integer=5827313;                          /* a 的定义同前 */
PrintBit16(a);
```

的输出为

```
5827313=0058EAF1
```

说明：如果直接利用语句

```
printf("%X\n",a.integer);
```

也可以得到结果：

```
58EAF1
```

不同的是，在函数 PrintBit16 中已获取了一个整数的各位十六进制数。

第13章 文　件

13.1 学习要求

掌握文件的基本概念；掌握文件类型指针的概念；掌握文件的基本操作方法，包括：文件的打开与关闭、文件的读写、文件的定位等。

了解文本(ASCII)文件与二进制文件的区别及其应用。

基本要求 能够正确地使用文件，熟悉对文件进行的操作。

13.2 内容要点

【知识点】

(1) C 语言把文件视为一个字符(字节)的序列——流，即文件是由一个一个字符(字节)的数据顺序组成的，文件中的基本单元是字符(或字节)。

(2) 文本(text)文件又称为 ASCII 文件，它的每一个字节存放一个 ASCII 代码，代表一个字符；而二进制文件则是按数据在内存中的存储形式存放在磁盘上。

(3) 所谓缓冲文件，就是在打开文件时系统自动在内存中建立了一个缓冲区。当向磁盘输出数据时，先将数据送到这个缓冲区中，装满缓冲区后才一起送到磁盘文件；反之，如果从磁盘读入数据，则从磁盘文件中将一批数据输入到缓冲区(如果有足够的数据应充满缓冲区)，然后再从缓冲区逐个将数据按用户要求送到程序的相应变量。而非缓冲文件就是系统并没有自动建立缓冲区，需要用户在程序中设置。ANSI C 的文件是缓冲文件。

(4) 为有利于对磁盘文件进行操作，C 语言系统提供了一个文件类型结构体 FILE。利用库函数 fopen 打开文件时会返回一个指向 FILE 结构体的指针，就是文件指针。FILE 结构体的定义在头文件<stdio.h>中，它含有用来处理文件的信息，包括：文件的状态、缓冲区的大小、当前的位置指针等。

(5) 操作系统是以文件为单位进行管理的，它把和计算机相连的硬件设备都看成文件。键盘是标准输入文件，显示器或打印机是标准输出文件。

(6) 库函数 fopen 和 fclose 分别用于打开文件与关闭文件。

(7) 库函数 fgetc(getc)/fputc(putc)读/写一个字符；库函数 fgets/fputs 读/写一个字符串；库函数 fscanf/fprintf 用于按格式化从文件中读/写各种类型数据；库函数 fread/fwrite 常用于二进制文件的读/写。

(8) 可以利用库函数 fseek/rewind 改变文件的位置指针。

(9) 利用判断读取的字符是否为 EOF 判断文件是否结束并不准确，准确的判断方法应该是调用库函数 feof。

【重点】

(1) C 语言文件的概念。

(2) 文件指针的概念。

(3) 文件打开和关闭的作用及文件的操作过程。

(4) 各种对文件操作的库函数的使用。

【难点】

(1) 二进制文件与文本文件的区别。

(2) 各种文件打开方式的功能。

(3) 二进制文件的读写。

【典型错误分析】

1. 文件的操作过程不清楚

初学者在使用C的文件时，往往不清楚对文件进行操作需要哪些步骤，导致不能正确地完成对文件操作的任务。

在C语言中，对文件的操作必须遵循：先定义，后使用，最后关闭的过程。定义文件就是要通知编译系统以下 3 个信息：① 需要打开的文件名，也就是准备访问的文件的名字；② 使用文件的类型(文本文件还是二进制文件)及对文件的操作方式(读还是写)；③ 让哪个指针变量指向被打开的文件。在打开文件操作正确后，才能够对文件进行相应的读写操作，最后再将文件关闭。文件关闭就是使文件指针变量不再指向该文件，此后不能通过此文件指针变量再对该文件进行读写操作。另外，关闭操作能够将缓冲区未装满时的数据写入文件或内存中。

2. 文件读/写的概念不清楚

由于对文件读/写的概念不清楚，在使用库函数时，不知道到底是采用输入函数还是输出函数。所谓文件读就是将文件中的数据读出来，送到程序中的变量(所在的内存单元)。因此要采用输入类函数。所谓文件写就是将程序中的数据送到文件中去，因此要采用输出类函数。

3. 文件打开方式的含义不清楚

由于对文件打开方式的含义不清楚，在实际使用时，不知道该如何确定正确的打开方式。C语言提供了12种文件打开方式，每一种打开方式对文件可以进行的操作进行了规定。但这12种方式可以分为两类：一类是适合于文本文件；另一类是适合于二进制文件，即打开方式中带有"b"这个标记的。"r+"、"w+"、"a+"都可以对文件进行读/写操作，但它们是有区别的：在进行写操作时，"r+"是更新文件的部分内容；"w+"是清除原有文件的内容，而新建一个文件，即重写文件；"a+"则将新的内容追加在原有文件的末尾。

4. 在完成文件读/写后，未进行文件的关闭

这也是初学者容易犯的错误。C语言采用缓冲文件系统，即在对文件进行输入或输出时，系统将为输入或输出文件开辟一个缓冲区(内存中)，并通过缓冲区来完成对文件的输入/输出操作。当缓冲区装满后，会自动倒出缓冲区中的数据；而当缓冲区未装满时，如果不进行文件的关闭，则这部分数据就滞留在缓冲区中，并未送入文件，造成在写文件时数据的不完整。

5. 文件的操作错误

这类错误有：用 "r" 方式打开一个不存在的文件准备读；用 "w" 方式打开一个已经存在的文件准备写(这时将删除原有文件的内容，即破坏了原有文件)；试图读/写一个二进制文件，但打开方式中未带 "b" 标志。

13.3 典型例题分析

〖选择题〗

例 13.1 以下叙述正确的是(　　)。

A. C 语言的文件由记录组成

B. C 语言文件由数据行组成

C. C 语言的文件由数据块组成

D. C 语言的文件由字符(字节)序列流组成

解 本题的关键是掌握 C 语言文件的基本概念。

C 语言把文件视为一个字符(字节)的序列——流，即由一个一个字符(字节)的数据顺序组成。文件中的基本单元是字符(或字节)。

因此，正确答案为选项 D。

例 13.2 rewind 函数的作用是(　　)。

A. 将文件的位置指针移到文件开头

B. 将文件的位置指针移到特定地方

C. 将文件的位置指针移到文件尾

D. 将文件的位置指针移到下一个字符

解 本题的关键是掌握库函数 rewind 的作用。

rewind 函数将文件的位置指针重定位在文件的开始。

因此，正确答案为选项 A。

例 13.3 fopen 函数操作不成功时的返回值为(　　)。

A. 1　　B. –1　　C. NULL　　D. 非 0 数值

解 本题的关键是掌握 fopen 函数的作用及其返回值的意义。

fopen 函数用于打开文件，如果打开操作成功，则返回一个有效的文件指针；否则，返回空指针，也就是值为 NULL 的指针。

因此，正确答案为选项 C。

例 13.4 为将一个已经存在的文本文件的内容读出进行显示，其打开方式可以是(　　)。

A. "r+"　　B. "w+"　　C. "wb+"　　D. "ab+"

解 本题的关键是掌握文件打开方式的含义。

用 "r+" 和 "w+" 方式打开文件，都可以对文件进行读/写操作。用 "r+" 方式时文件应该已经存在；用 "w+" 方式则新建立一个文件(清除原有文件的内容)，先向此文件写入数据，然后可以读此文件中的数据。"wb+" 和 "ab+" 方式都是对二进制文件的操作方式。

因此，正确答案为选项 A。

〖填空题〗

例 13.5 程序运行时系统自动打开 3 个标准文件：标准输入文件、标准输出文件和标准出错输出文件，指向这 3 个文件的文件类型指针分别为___①___、___②___、___③___。

解 本题要求掌握 3 个标准文件的概念。

操作系统是以文件为单位进行管理的，它把和计算机相连的硬件设备都视为文件，如键盘为输入文件，显示器为输出文件，这些也称为终端文件。程序运行时，系统自动打开标准输入文件、标准输出文件和标准出错输出文件。系统自动定义了 3 个文件类型指针：stdin，stdout 和 stderr。

答案 ① stdin，② stdout，③ stderr。

例 13.6 下列程序用来统计文件中的字符个数，请填空。

```
#include <stdio.h>
main( )
{
  FILE *fp;
  long num=0;
  char filename[20];
  gets(filename);
  if((fp=fopen(filename,"r"))==NULL)
  {
    printf("Cann't,open file:%s\n",filename);
    exit(0);
  }
  while(________){fgetc(fp),num++;}
  printf("num=%d\n",num);
  fclose(fp);
}
```

解 本题主要是考察关于文件结束的判断。

对于文本文件，可以利用判断读取的字符是否为 EOF 来判断文件是否结束。但对于二进制文件，这种判断方式是不合适的。因此系统提供了库函数 feof。feof 函数用于判断一个文件是否到了末尾，如果是就返回一个非 0 值，否则返回 0。这个函数不仅适用于二进制文件，也适用于文本文件。

答案 !feof(fp)。

例 13.7 下列程序是编一个计算文件长度的函数，然后在 main 函数中调用此函数。请填空。

```
#include <stdio.h>
long GetFileLength(FILE *fp)
{
  long value;
  fseek(fp,0,____①____);
```

```
    value=ftell(fp);
    ____②____(fp);                    /* 返回到文件头 */
    return value;
  }
  main( )
  {
    char filename[20];
    FILE *fp;
    gets(filename);
    fp=fopen(filename,"r");
    if((fp=fopen(filename,"r"))==NULL)
    {
      printf("Cann't,open file:%s\n",filename);
      exit(0);
    }
    printf("%d\n",GetFileLength(fp));
  }
```

解 本题主要考察文件定位函数的作用和用法。

fseek 函数用于将文件的位置指针移到一个新的位置，其调用方式有 3 种：

fseek(fp, offset, SEEK_CUR);

fseek(fp, offset, SEEK_END);

fseek(fp, offset, SEEK_SET);

这里 fp 是指向某个文件的文件指针变量；offset 是一个整数，当其取值为正时表示向前移动文件位置指针，为负时表示向回移动文件位置指针，移动的单位是字节数。SEEK_CUR 表示移动的起始位置为文件的当前位置；SEEK_END 表示移动的起始位置是文件的尾部；SEEK_SET 表示移动的起始位置是文件的开始。由此可见，可以利用语句：

```
fseek(fp,0,SEEK_END);
```

将文件的位置指针移到文件的尾部。所以，①应填 SEEK_END。计算完了之后应将文件的位置指针移到文件的开始，这时要采用反绕函数来实现。所以，②应填 rewind。

〖编程题〗

例 13.8 编写一个程序，实现以下功能：

(1) 读取 e:\盘下的两个文件内容到结构体数组中，一个是 score.txt 文件，一个是 kc.txt 文件；

文件 score.txt

学号	姓名	英语	C 语言	数学	物理	法基
1	张三	91	99	95	96	96
2	李四	90	92	93	90	90
3	王五	90	51	92	50	90

文件 kc.txt

编号	课程名称	课程学分
1	英语	6
2	C 语言	4
3	数学	6
4	物理	4
5	法基	2

(2) 求出加权平均分，并将成绩写到文件 cj.txt 中。

分析 首先定义两个结构体类型数组，将两个文件(score.txt 和 kc.txt)通过调用 fopen 函数以 "r" 的方式打开，并把这两个文件的内容通过调用 fscanf 函数读出存放到结构体数组中，然后通过结构体数组来求取加权平均分，最后通过调用 fopen 函数以 "w" 的方式打开一个新建文件 cj.txt，把学生成绩通过调用 fprintf 函数写到文件 cj.txt 中。

```
#define M 3
#define N 5
#include <stdio.h>
#include <stdlib.h>
struct student
{
  int num;
  char name[15];
  int score[N];
  float ave;
}st[M];
struct kecheng
{
  int num;
  char kcname[20];
  int xuefen;
}course[N];
/* 读文件 score.txt */
void ReadDat1( )
{
  int i,j;
  char str1[100];
  FILE *fp;
  if((fp=fopen("e:\\score.txt","r"))==NULL)   /* 打开 score.txt 文件 */
  {
    printf("Cannot open the file1!\n");
    exit(0);
  }
```

```
    fgets(str1,100,fp);                              /* 读取表头 */
    printf("%s",str1);
    for(i=0;i<M;i++)                                 /* 读取每个学生的各门课程成绩 */
    {
      fscanf(fp,"%d%s",&st[i].num,st[i].name);
      printf("%4d%10s",st[i].num,st[i].name);
      for(j=0;j<N;j++)
      {
        fscanf(fp,"%d",&st[i].score[j]);
        printf("%9d",st[i].score[j]);
      }
      printf("\n");
    }
    fclose(fp);                                      /* 关闭文件 */
  }
  /* 读文件 kc.txt */
  void ReadDat2( )
  {
    FILE *fp;
    int k;
    char str2[100];
    fp=fopen("e:\\kc.txt","r");
    fgets(str2,100,fp);
    puts(str2);
    for(k=0;k<N;k++)
    {
      fscanf(fp,"%d%s%d",&course[k].num,course[k].kcname,
             &course[k].xuefen);
      printf("%-8d%-10s%d\n",course[k].num,course[k].kcname,
             course[k].xuefen);
    }
    fclose(fp);
  }
  /* 求每个学生的加权平均分 */
  void Jqave( )
  {
    int i,j;
    float s=0,sum;
    for(i=0;i<N;i++)
      s+=course[i].xuefen;
```

```
  for(i=0;i<M;i++)
  {
    sum=0;
    for(j=0;j<N;j++)
      sum+=st[i].score[j]*course[j].xuefen;
    st[i].ave=(int)(sum*10.0/s+0.5)/10.0;
  }
}
/* 写文件 cj.txt */
void  WriteCjd( )
{
  FILE  *fp;
  int i,j;
  if((fp=fopen("e:\\cj.txt","w"))==NULL)
  {
    printf("Faile to build a new file!\n");
    exit(0);
  }
  fprintf(fp,"名次 学号 姓名 英语 C语言 数学 物理 法基 平均成绩\n");
  for(i=0;i<M;i++)
  {
    fprintf(fp,"%3d%4d%10s",i,st[i].num,st[i].name);
    for(j=0;j<N;j++)
      fprintf(fp,"%4d",st[i].score[j]);
    fprintf(fp,"%6.2f\n",st[i].ave);
  }
  fclose(fp);
}
main( )
{
  ReadDat1( );
  ReadDat2( );
  Jqave( );
  WriteCjd( );
}
```

例 13.9 编写一个将链表写入文件的函数 WriteList，一个从文件中读入链表的函数 ReadList。然后在 main 中测试这两个函数。

分析 本题将一个链表的数据以二进制的形式写入一个二进制文件中，然后又以二进制的形式从文件中读入。有关链表的定义与操作过程采用第 11 章中介绍的方法。

```
#include <stdio.h>
```

```
#include <stdlib.h>
struct node
{
  char data;
  struct node *nextPtr;
};
void WriteList(struct node *h,char *filename)
{
  FILE *fp;
  struct node *p;
  if(h==0)
    return;
  fp=fopen(filename,"wb");
  p=h->nextPtr;
  while(p)
  {
    fwrite(&(p->data),sizeof(p->data),1,fp);
    p=p->nextPtr;
  }
  fclose(fp);
}
void ReadList(struct node *h,char *filename)
{
  FILE *fp;
  struct node *p,*q;
  if(h==0)
    return;
  fp=fopen(filename,"rb");
  p=h;
  while(p->nextPtr)
    p=p->nextPtr;
  while(!feof(fp))
  {
    q=(struct node *)malloc(sizeof(struct node));
    fread(&(q->data),sizeof(q->data),1,fp);
    p->nextPtr=q;
    p=q;
    p->nextPtr=0;
  }
  fclose(fp);
```

```
}
main( )
{
  char filename[255]="c:\\BookDb.txt";        /* 文件名 */
  struct node *p,*h,*headPtr;
  int i;
  headPtr=(struct node *)malloc(sizeof(struct node));
  p=headPtr;
  for(i='A';i<'I';i++)
  {
    p->nextPtr =(struct node *)malloc(sizeof(struct node));
    p=p->nextPtr;
    p->data=i;
    p->nextPtr=0;
  }
  WriteList(headPtr,filename);
  h=(struct node *)malloc(sizeof(struct node));
  h->nextPtr=0;
  ReadList(h,filename);
}
```

实 验 指 导

实验一　顺序结构程序设计

【目的要求】

(1) 掌握在 Turbo c 3.0(简称 TC3)集成开发环境下编辑、编译、连接和运行一个 C 语言程序的过程。

(2) 通过运行简单的 C 语言程序，了解 C 语言程序的结构特点。

(3) 熟悉 C 语言的表达式语句、函数调用语句，掌握 printf 函数和 scanf 函数的正确调用方法。

(4) 熟悉顺序结构程序中语句的执行过程。

(5) 能设计简单的顺序结构程序。

【预习内容】

(1) TC3 的启动和退出，TC3 中的编辑、编译、连接和运行命令。

(2) 各种数据类型变量的定义形式、取值范围。

(3) 各运算符的优先级和结合规则。

(4) C 语言的表达式语句、复合语句、函数调用语句。

(5) printf 函数和 scanf 函数的调用形式及各种格式说明的作用与用法。

【上机内容】

1. 熟悉 TC3 集成开发环境

在 TC3 下输入下列程序，并运行该程序。

```
#include <stdio.h>
void main( )
{
  printf("Hello World!\n");
  printf("Hello China!\n");
}
```

操作步骤：

(1) 启动 TC3 系统，进入 TC3 集成开发环境。

(2) 在“File”主菜单的下拉菜单中选择“New”菜单项建立新文件，进入编辑状态，即可进行程序的输入。

(3) 将以上程序逐行输入，每输完一行，应按回车键表示本行结束，直至全部输完。

(4) 在“File”主菜单的下拉菜单中选择“Save”菜单项或按 F2 键(称为快捷键)，在弹出的对话框中选择合适的路径和文件名，将刚输入的程序保存在文件中。

(5) 仔细检查输入的程序有无错误，若有，将光标移到所要修改之处，输入正确内容。

(6) 确认程序无错误时，可选择如下①或②的任何一种操作。

① 点击“Compile”主菜单下的“Make”菜单项或者按快捷键 F9，则系统编译当前编辑窗口中的程序，执行连接命令，形成扩展名为“.EXE”的可执行文件。若有错误则回到编辑状态重新修改源程序，若无错误，则点击“Run”主菜单下的“Run”菜单项或者按快捷键 Ctrl+F9，即可运行程序。

② 直接点击“Run”主菜单下的“Run”菜单项，系统先检查是否编译、连接，若没编译，则自动编译、连接，再运行程序。

(7) 点击“Window”主菜单下的“User Screen”菜单项或者按快捷键 Alt+F5 以全屏幕方式查看结果，也可以点击“Window”主菜单下的“Output”菜单项，在编辑环境内的窗口上查看结果。

(8) 如果要退出集成开发环境，选择“File”主菜单下的“Quit”菜单项或按快捷键 Alt+X。初学者要注意：如果想再编辑下一个 C 程序，又需要在“File”主菜单的下拉菜单中选择“New”菜单项建立新文件，再进行编辑、保存(和第 1 个文件的文件名不要相同)、编译、连接和运行。不能在第 1 个程序的下面接着录入第 2 个程序。

2. 程序验证题

阅读下列程序，分析程序的运行结果，并上机进行验证。

(1)
```
#include <stdio.h>
void main( )
{
    printf("      *\n");
    printf("     ***\n");
    printf("    *****\n");
    printf("   *******\n");
}
```

若去掉程序中的“\n”，比较对应的运行结果。

(2)
```
#include <stdio.h>
void main( )
{
   int a=5,b=7,c=-1;
   float x=67.8564,y=-789.124;
   char c='A';
   long n=1234567;
   unsigned u=65535;
   printf("%d%d\n",a,b);
   printf("%3d%3d\n",a,b);
   printf("%f%f\n",x,y);
   printf("%-10f,%-10f\n",x,y);
   printf("%8.2f,%8.2f,%.4f,%.4f,%3f,%3f\n",x,y,x,y,x,y);
   printf("%c,%d,%o,%x\n"c,c,c,c);
   printf("%ld,%lo,%x\n",n,n,n);
```

```
    printf("%u,%o,%x,%d\n",u,u,u,u);
    printf("%s,%5.3s\n","COMPUTER","COMPUTER");
  }
```

(3)
```
#include <stdio.h>
void main( )
{
   int a=4,b=7;
   printf("%d\n",(a=a+1,b+a,b+1));
}
```

(4)
```
#include <stdio.h>
void main( )
{
   int m=7,n=4;
   float a=38.4,b=6.4,x;
   x=m/2+n*a/b+1/2;
   printf("%f\n",x);
}
```

3. 程序填空题

下列程序的功能是借助一个中间变量实现两个数的对调。请补充完整，并上机调试。

```
#include <stdio.h>
void main( )
{
  int a,b,t;
  scanf("%d%d",&a,&b);
  t=______________;
  a=______________;
  b=______________;
  printf ("a=%d,b=%d\n",a,b);
}
```

4. 程序改错题

(1) 下列程序是输入一个华氏温度(°F)，求出摄氏温度(°C)的程序，其计算公式为

$$c=\frac{5}{9}(F-32)$$

请改正程序中的错误，并指出错误原因。

```
#include <stdio.h>
void main( )
{
  double f,c;
```

```
    scanf("%f",f);
    c=5/9(f-32.);
    printf('f=%2,2f\n',f,'c=%2,2\n',c);
}
```

(2) 下列程序是已知商品的单价为 50，求商品的总价。请改正程序中的错误，并指出错误的原因。

```
#include <stdio.h>
#define PRICE 50
void main( )
{
    int number=9;
    PRICE=PRICE*number;
    printf("%d  %d",number,PRICE);
}
```

5. 程序设计题

(1) 编写程序输入 3 个数，求它们的平均值并输出。

(2) 假设美元与人民币的汇率是 1 美元兑换 8.27 元人民币，编写程序输入人民币的金额，输出能兑换的美元金额。

(3) 已知：a=3.5，b=5.4，c=4.3，编程求以 a、b、c 为边长的三角形的面积 area。

(提示：$\text{area}=\sqrt{s(s-a)(s-b)(s-c)}$，其中 $s=\dfrac{a+b+c}{2}$)

实验二　选择结构程序设计

【目的要求】

(1) 掌握用 if 语句、嵌套的 if 语句和 switch 语句实现选择结构的方法。

(2) 理解 switch 语句和 break 语句构成选择结构的执行过程。

(3) 练习程序的跟踪调试技术。

【预习内容】

(1) if 语句的 3 种形式及执行过程。

(2) if 语句的嵌套使用。

(3) switch 语句及 break 语句在 switch 语句中的应用。

【上机内容】

1. 程序验证题

阅读下列程序，分析程序的运行结果，并上机进行验证。

(1)
```
#include <stdio.h>
void main( )
{
   int x=100,a=20,b=10;
   int v1=5,v2=0;
   if(a<b)
      if(b!=5)
         if(!v1)
            x=1;
         else
            if(v2) x=10;
   x=-1;
   printf("%d",x)
}
```

(2)
```
#include <stdio.h>
void main( )
{
   int x=1,y=0,a=0,b=0;
   switch(x)
   {
      case 1: switch(y)
```

```
        {
          case 0: a++;break;
          case 1: b++;break;
        }
    case 2: a++;b++;break;
    case 3: a++;b++;
  }
  printf("\na=%d,b=%d",a,b);
}
```

2. 程序填空题

下列程序的功能是输入 3 个整数(如 5、4、3)，按由小到大的顺序输出。请补充完整，并上机调试。

```
#include <stdio.h>
void main( )
{
  int t,a,b,c;
  printf("请输入3个整数：\n");
  _______________
  if(a>b)
  {t=a;_______________;b=t;}
  if(a>c)
  {t=a;a=c;_______________;}
  if(b>c)
  {_______________;_______________;_______________;}
  printf("排序结果如下:\n");
  printf("%d %d %d",a,b,c);
}
```

3. 程序改错题

下列程序的功能是：从键盘上输入一个百分制成绩 score，按下列原则输出其等级：score>=90，等级为 A；score>=80 且 score<90，等级为 B；score>=70 且 score<80，等级为 C；score>=60 且 score<70，等级为 D；score<60，等级为 E。请改正程序中的错误(不得增行或删行，也不得更改程序的结构)，并指出错误的原因。

```
#include <stdio.h>
void main( )
{
  int score,grade;
  scanf("%d",&score);
  grade=score/10;
```

```
  switch(score)
  {
    case 10: break;
    case 9: printf("grade=A\n");break;
    case 8: printf("grade=B\n");break;
    case 7: printf("grade=C\n");break;
    case 6: printf("grade=D\n");
    case 5:
    case 4:
    case 3:
    case 2:
    case 1:
    case 0: printf("grade=E\n");
  }
}
```

4. 程序设计题

(1) 输入一个不多于 5 位的正整数，要求：

① 求它是几位数；

② 分别输出每一位数字；

③ 按逆序输出各位数字，如：原数为 321，应输出 123。

(2) 编写程序，从键盘输入 3 个整数，求出其最大者。

实验三　循环结构程序设计(一)

【目的要求】

(1) 掌握用 while 语句、do-while 语句和 for 语句实现循环的方法。

(2) 理解循环结构程序段中语句的执行过程。

(3) 进一步练习程序的跟踪调试技术。

【预习内容】

(1) while 语句、do-while 语句和 for 语句的形式及执行过程。

(2) 各种循环的嵌套。

【上机内容】

1. 程序验证题

阅读下列程序，分析程序的运行结果，并上机进行验证。

(1)
```
#include <stdio.h>
void main( )
{
  int i;
  char c;
  for(i=0;i<=7;i++)
  {
    c=getchar( );
    putchar(c);
  }
}
```

运行时从键盘输入 A↙、AB↙、ABCD↙，查看运行结果，并分析原因。

(2)
```
#include <stdio.h>
void main( )
{
  int i,j,k=0;
  printf("\n k=");
  for(i=0;i<2;i++)
    for(j=0;j<3;j++)
    {
      k++;
      printf("%3d",k);
```

```
    }
    printf("i=%d,j=%d\n",i,j);
}
```

2. 程序填空题

下列程序的功能是从键盘输入一个整数 *m*，根据公式：

$$t = 1 - \frac{1}{2\times2} - \frac{1}{3\times3} - \frac{1}{4\times4} - \cdots - \frac{1}{m\times m}$$

计算并输出 *t* 的值。例如，若输入 m 的值为 5，则程序执行后的输出结果是：0.536 389。请补充完整，并上机调试。

```
#include <stdio.h>
void main( )
{
   int  m,i;
   double t=1.0;
   printf("Enter m:");
   scanf("%d",______________);
   for(i=2;i______________;i++)
      t=______________;
   printf("\n The result is %lf \n",t);
}
```

3. 程序改错题

下列程序的功能是将从键盘输入的长整型数 m 中每一个数位上为奇数的数依次取出，构成一个新数放在 t 中，高位仍在高位，低位仍在低位。例如，当 m 中的数为 87 653 142 时，t 中的数为 7531。请改正程序中的错误，使它能得出正确的结果。**注意**：不得增行或删行，也不得更改程序的结构。

```
#include <stdio.h>
void main( )
{
   long m,q=1,t=0;
   int d;
   printf("Enter m:");
   scanf("%d",&m);                    /* error */
   if(m<0) m=-m;
   while(m>0)
   {
      d=m%10;
      if(d%2==0)                      /* error */
      {
```

```
        t=t+d*q;
        q*=10;
      }
      m=m-t;                          /* error */
    }
    printf("\n The result is %ld\n",t);
}
```

4. 程序设计题

(1) 编程计算：

① 1~100 之间所有偶数的和；

② 1~100 之间能同时被 3 和 4 整除的所有整数的和。

(2) 设 a(非 0)、b、c、d、e(非 0 非 1)分别为一位整数，abcd、dcba 分别为四位整数，若有 abcd*e=dcba。求满足条件的 abcd 与 e。(提示：该程序只能用穷举法解决)

实验四　循环结构程序设计(二)

【目的要求】

(1) 掌握在循环结构中使用 break 语句和 continue 语句控制循环过程的方法。

(2) 掌握在程序设计中用循环的方法实现各种算法(如穷举法、迭代、递推等)。

(3) 进一步练习程序的跟踪调试技术。

【预习内容】

(1) break 语句、continue 语句及其作用。

(2) 几个常见的经典算法，如求最大公约数、素数等。

【上机内容】

1. 程序验证题

阅读下列程序，分析程序的运行结果，并上机进行验证。

(1)
```
#include <stdio.h>
void main( )
{
  int n,s=0;
  for(n=1;n<=8;n++)
  {
    s=s+n;
    printf("\n n=%d",n);
    if(n%2==0)
      continue;
    printf("s=%d\n",s);
  }
}
```

若将第 9 行的 continue;分别更改为 break;，或语句 i=9;，或语句 i=5;，再观察程序运行结果的变化。

(2)
```
#include <math.h>
void main( )
{
  int m,n;
  for(m=3;m<=50;m++)
  {
    for(n=2;n<=(int)sqrt(m);n++)
```

```
            if(m%n==0)
               break;
         if(n==(int)sqrt(m)+1)
            printf("%d,",m);
      }
   }
```

2. 程序填空题

下列程序的功能是用“辗转相减法”求出两个正整数的最大公约数。例如，程序运行时输入 100，35↙，则程序执行后的输出结果是 5。请补充完整，并上机调试。

算法描述：若两个数分别存放在变量 m 和 n 中，求最大公约数的算法为

① 若 m>n，则从 m 中减去 n 的值，使大数 m 变小；

② 若 m<n，则从 n 中减去 m 的值，使大数 n 变小；

③ 若 m=n，则 m 即为最大公约数，否则重复步骤①～②。

```
#include <stdio.h>
void main( )
{
   int m,n;
   printf("\n Enter m,n:");
   scanf("%d,%d",&m,&n);
   printf("m=%d n=%d\n",m,n);
   do
   {
      if(m>n)______________;
      if(m<n)______________;
   }while(______________);
   printf("gcd=%d\n",m);
}
```

3. 程序改错题

下列程序的功能是根据近似公式

$$s=1+\frac{2}{1\times3}+\frac{4}{3\times5}+\frac{6}{5\times7}+\cdots+\frac{2m}{(2m-1)\times(2m+1)}$$

求 s 的值，直到最后一项的值小于 10^{-5} 为止。程序执行后的输出结果是：The result is 3.728810。请改正程序中的错误，使它能得出正确的结果。**注意**：不得增行或删行，也不得更改程序的结构。

```
#include <stdio.h>
void main( )
{
   int n=0;
```

```
    double t,s=1.0;
    do
    {
      n=n+1;
      t=2n/((2n-1)*(2n+1));          /* error */
      s=s+t;
    }while(t<0.00001);              /* error */
    printf("\n The result is %lf \n",s);
}
```

4. 程序设计题

(1) 编写一个程序求出 200~300 之间的数，且满足条件：它们 3 个数字之积为 42，3 个数字之和为 12。

(2) 编写程序，用牛顿迭代法求高次方程 $f(x)=5x^5-8x^3+10x^2-7x+25=0$ 的近似根。

算法描述：从键盘输入任意一个值 x_0，用牛顿迭代公式 $x_1=x_0-\dfrac{f(x_0)}{f'(x_0)}$ 可以得到一个更加接近根的 x_1；再用 x_1 做 x_0，代入牛顿迭代公式，又可以得到一个更加接近根的 x_1，…。如此重复，直到 $|f(x_1)|<0.00001$ 为止，则最后得到的 x_1 就是我们要求的近似根。(注：式中的 $f'(x_0)$为相应的导函数在 x_0 的值)

实验五 数 组(一)

【目的要求】

(1) 掌握一维数组和二维数组的定义、初始化及数组元素的引用形式。
(2) 掌握数组的输入输出方法。
(3) 了解与数组相关的程序设计的方法。

【预习内容】

(1) 数组的定义、初始化及数组元素引用的方法。
(2) 数组与循环语句的配合使用。

【上机内容】

1. 程序验证题

阅读下列程序，分析程序的运行结果，并上机进行验证。

(1)
```
#include <stdio.h>
void main( )
{
   int a[8]={1,0,1,0,1,0,1,0},i;
   for(i=2;i<8;i++)
      a[i]=a[i-1]+a[i-2];
   for(i=0;i<8;i++)
      printf("%d",a[i]);
   printf("\n");
}
```

(2)
```
#include <stdio.h>
void main( )
{
   int a[][3]={9,7,5,3,1,2,4,6,8};
   int i,j,s1=0,s2=0;
   for(i=0;i<3;i++)
      for(j=0;j<3;j++)
      {
         if(i==j)s1=s1+a[i][j];
         if(i+j==2)s2=s2+a[i][j];
      }
      printf("%d %d\n",s1,s2);
```

```
}
```

2. 程序填空题

(1) 下列程序的功能是将数组中的数据按逆序存放。请补充完整，并上机调试。

```
#include <stdio.h>
#define N 10
void main( )
{
   int a[N],i,j,t;
   for(i=0;i<N;i++)
      scanf("%d",_______________)
   i=0;
   j=_______________;
   while(i<j)
   {
      t=a[i];
      _______________;
      _______________;
      i++;
      j_______________;
   }
   for(i=0;i<N;i++)
   printf("%5d",a[i]);
   printf("\n");
}
```

(2) 下列程序的功能是找出二维数组的最大值并与最后一个元素进行交换。请补充完整，并上机调试。

```
#defiine M 3
#define N 4
#include <stdio.h>
void main( )
{
   float a[M][N],max;
   int i,j,maxi,maxj;
   for(i=0;i<M;i++)
      for(j=0;j<N;j++)
         scanf("%f",_______________);
   max=_______________;
   maxi=maxj=0;
   for(i=0;i<M;i++)
```

```
        for(j=0;j<N;j++)
          if(max<a[i][j])
          {
            max=a[i][j];
            maxi=_______________;
            maxj=_______________;
          }
    a[maxi][maxj]=a[M-1][N-1];
    a[M-1][N-1]=_______________;
    for(i=0;i<M;i++)
    {
      for(j=0;j<N;j++)
        printf("%f",a[i][j]);
      printf("\n");
    }
}
```

3. 程序改错题

改正下列程序中的错误，并上机调试。

```
#include <stdio.h>
void main( )
{
  int a(3)={1};
  int i;
  scanf("%d",a);
  for(i=1;i<=3;i++)
    a[i]=a[i-1]+a[i-1];
  printf("%d %d %d\n",a);
}
```

4. 程序设计题

(1) 设有一个已排好序的数组，现输入一个数，要求按原来排序的规律将它插入到数组中。

(2) 编一程序，在一个二维数组中，查找第一次出现的负数，并输出该数及其所在的行、列号。

实验六　数　　组(二)

【目的要求】

(1) 掌握字符数组的定义、初始化及数组元素的引用方法。

(2) 掌握字符数组和字符串的处理方法。

(3) 掌握常用字符串处理函数。

【预习内容】

(1) 字符数组和字符串的概念。

(2) 字符数组的定义、初始、数组元素引用。

(3) 常用的字符串处理函数。

【上机内容】

1．程序验证题

阅读下列程序，分析程序的运行结果，并上机进行验证。

(1)
```
#include <stdio.h>
void main( )
{
   char s1[20],s2[20];
   int i,j;
   gets(s1);
   gets(s2);
   i=0;
   while(s1[i]) i++;
   j=0;
   while(s2[j])
      s1[i++]=s2[j++];
   s1[i]='\0';
   puts(s1);
}
```

键盘输入如下：

```
hello↙
world!↙
```

(2)
```
#include <stdio.h>
void main( )
{
```

```
    char s[30];
    int i;
    gets(s);
    for(i=0;s[i]!='\0';i++)
    {
      if(s[i]>='A'&&s[i]<='Z')
        s[i]+=32;
      else if(s[i]>='a'&&s[i]<='z')
        s[i]-=32;
    }
    puts(s);
  }
```

键盘输入如下：

```
Are You Ready?↙
```

2. 程序填空题

下列程序的功能是对键盘输入的字符串进行逆序，逆序后的字符串仍然保留在原来字符数组中，最后输出。请补充完整，并上机调试。

```
#include <stdio.h>
void main( )
{
  char str[50],k;
  int n,i,j;
  gets(str);
  n=0;
  while(______________) n++;
  for(i=0,j=n-1;i<j;______________)
  {
    k=str[i];str[i]=str[j];str[j]=k;
  }
  ______________;
}
```

3. 程序改错题

下列程序的功能是从键盘输入 4 个字符串(长度<30)存入二维字符数组中，然后对它们进行排序(假设由小到大顺序)，最后输出排序后的 4 个字符串。请改正程序中的错误，使它能得出正确的结果。注意：不得增行或删行，也不得更改程序的结构。

```
#include <string.h>
#define N 4
void main( )
```

```
{
   char s[N][30],t[30];
   int i,j;
   for(i=0;i<N;i++) get(s[i]);           /* error */
   for(i=0;i<N-1;i++)
   {
      for(j=i+1;j<N;j++)
         if(strcmp(s[i],s[j])>0)
         {
            t=s[i];                      /* error */
            s[i]=s[j]);                  /* error */
            s[j]=t;                      /* error */
         }
   }
   for(i=0;i<N;i++) put(s[i]);           /* error */
}
```

4. 程序设计题

(1) 由键盘任意输入一个字符串和任一个字符，要求从该字符串中删除所指定的字符。

(2) 在一个字符数组中查找一个指定的字符，若数组中含有该字符，则输出该字符在数组中第一次出现的位置(下标值)，否则输出-1。

实验七　函　　数(一)

【目的要求】

(1) 掌握函数的定义和调用方法。

(2) 掌握函数的实参与形参的对应关系和“值传递”方式。

(3) 熟悉函数的编程与使用方法，掌握模块化的程序设计思想。

【预习内容】

(1) 函数的定义和返回值，函数的调用。

(2) 函数的声明，调用函数和被调用函数之间的数据传递。

【上机内容】

1. 程序验证题

阅读下列程序，分析程序的运行结果，并上机进行验证。

```
#include <stdio.h>
void sort(int a[])
{
  int i,j,t;
  for(i=0;i<4;i++)
    for(j=0;j<4-1;j++)
      if(a[j]>a[j+1])
      {
        t=a[j];
        a[j]=a[j+1];
        a[j+1]=t;
      }
}
void main( )
{
  int a[5]={5,10,-7,3,7},i,t,j;
  sort(a);
  for(i=0;i<=4;i++)
  printf("%d",a[i]);
}
```

2. 程序填空题

(1) 下列程序的功能是计算 10 个学生某门功课的平均成绩。请补充完整，并上机调试。

```
#include <stdio.h>
float average(float array[10])
{
   int i;
   float aver,sum=array[0];
   for(i=1;______________;i++)
     sum=______________;
   aver=sum/10;
   return aver;
}
void main( )
{
   float score[10],aver;
   int i;
   for(i=0;i<10;i++)
     scanf("%f",&score[i]);
   aver=______________;
   printf("%f\n",aver);
}
```

(2) 下列程序的功能是调用函数求出数组中元素的最大值。请补充完整，并上机调试。

```
#include <stdio.h>
float max(float a,float b)
{
   return ______________;
}
void main( )
{
   int i;
   float a[6]={1.2,3,5.4,0.6,5.7,3.2};
   float m=a[0];
   for(i=0;i<6;i++)
     m=max(______________);
   printf("%f\n",m);
}
```

3. 程序改错题

改正下列程序的错误，并上机调试。

(1)
```
#include <stdio.h>
void main( )
{
   int a,b,c;
   scanf("%d,%d,%d",&a,&b,&c);
   printf("%d\n",f(a,b,c));
}
void f(a,b,c)
{
   int x,y,z,s;
   s=(x>y? x:y);
   return (s>z?s:z);
}
```

(2)
```
#include <stdio.h>
int addtwo
{
   int a,b;
   scanf("%d%d",a,b);
   return(a+b);
}
void main( )
{
   int n;
   n=addtwo( );
   printf("%d",n);
}
```

4. 程序设计题

(1) 编写函数判断某数是否素数，是返回 1，否则返回 0。

(2) 编写函数统计一字符串中字母、数字、空格和其他字符的个数。

实验八　函　　数(二)

【目的要求】

(1) 掌握全局变量和局部变量的使用方法。

(2) 掌握函数的嵌套调用和递归调用。

(3) 了解动态存储变量和静态存储变量的使用方法。

(4) 了解对多文件程序的编译和运行。

【预习内容】

(1) 动态存储变量和静态存储变量。

(2) 函数的递归调用、嵌套调用。

(3) 多文件程序的编译

【上机内容】

1. 程序验证题

阅读下列程序，分析程序的运行结果，并上机进行验证。

```
#include <stdio.h>
void main( )
{
   int a=3,i;
   for(i=0;i<3;i++)
      printf("p=%d\n",p(a));
}
int p(a)
{
   static int c=3;
   auto int b=0;
   b=b+1;
   c=c+1;
   return (a+b+c);
}
```

注意观察静态局部变量及自动变量在调用过程中的变化。

2. 程序填空题

(1) 下列程序是用递归的方法将一个正整数 n 以相反的顺序输出。如 n=18092，则输出结果为 29081。

算法描述如下：

当 0<=n<=9 时，输出 n；

当 n>9 时，输出 n%10，并以 n/10 为参数继续递归。

请补充完整，并上机调试。

```
#include <stdio.h>
void reverse(int n)
{
   if(______________)
      printf("%d",n);
   else
   {
      printf("%d",n%10);
      ______________;
   }
}
void main( )
{
   int n=18092;
   reverse(n);
}
```

(2) 下面函数是求1~3000之间能被17或23整除的整数的个数。请补充完整，并上机调试。

```
#include <stdio.h>
int f(int m,int n)
{
   int i,count=0;
   for(i=m;i<=n;i++)
      if(______________)
         ______________;
      return count;
}
void main( )
{
   printf("count=%d\n",______________);
}
```

3. 程序改错题

(1) 下列程序中，函数 fun 的功能是：依次取出字符串中所有数字字符，形成新的字符串，并取代原字符串。请改正程序中的错误，使程序能得出正确的结果。**注意**：不得增行或删行，也不得更改程序的结构。

```
#include <stdio.h>
```

```
void fun(char s[ ])
{
  int i,j;
  for(i=0,j=0;s[i]!='\0';i++)
    if(s[i]>=0 && s[i]<=9)
      s[j]=s[i];
  s[j]="\0";
}
void main( )
{
  char item[80];
  printf("\nEnter a string:");gets(item);
  printf("\n\nThe string is :\%s\n",item);
  fun(item);
  printf("\n\nThe string of changing is :\%s\n",item);
}
```

(2) 下列程序中，函数 fun 的功能是：根据整型形参 m 的值，计算如下公式

$$t=1-\frac{1}{2\times 2}-\frac{1}{3\times 3}-\cdots-\frac{1}{m\times m}$$

的值。例如，若 m 中的值为 5，则应输出：0.536389。请改正程序中的错误，使程序能得出正确的结果。**注意**：不得增行或删行，也不得更改程序的结构。

```
#include <stdio.h>
double fun(int m)
{
  double y=1.0;
  int i;
  for(i=2;i<m;i++)
    y-=1/(i*i);
  return y;
}
void main( )
{
  int n=5;
  printf("\nRhe result is %1f\n",fun(int n));
}
```

4. 程序设计题

(1) 设计一个程序，统计一个班的学生成绩，要求能实现如下功能：

① 由键盘输入每个学生的四门课程的成绩；

② 计算每个学生的平均分和总分；

③ 根据用户的要求输出某门课程不及格的学生成绩。

(2) 用递归的方法将一个字符串逆序存放。

实验九　指　　针

【目的要求】

(1) 掌握指针变量的定义与使用。

(2) 掌握指针变量作为函数参数的作用。

(3) 掌握使用指针变量处理数组和字符串的方法。

【预习内容】

(1) 指针变量的定义、初始化及使用方法。

(2) 指向一维数组元素的指针变量，指向字符串的指针变量。

(3) 指针作为函数的参数。

【上机内容】

1. 程序验证题

阅读下列程序，分析程序的运行结果，并上机进行验证。

(1)
```
#include <stdio.h>
void fun(int x,int pp[],int *n)
{
  int i,j=0;
  for(i=0;i<=x;i++)
    if(i%2!=0 && x%i==0)
      pp[j++]=i;
  *n=j;
}
main( )
{
  int  x,aa[1000],n,i;
  printf("\nPlease enter an integer number:\n");
  scanf("%d",&x);
  fun(x,aa,&n);
  for(i=0;i<n;i++)
    printf("%d",aa[i]);
  printf("\n");
}
```

键盘输入如下：

```
30↙
```

(2)
```
#include <stdio.h>
#include <string.h>
void fun(char *pp)
{
   int i,j=0;
   for(i=0;i<=strlen(pp);i=i+2)
      if(pp[i]>='a' && pp[i]<='z')
         pp[i]=pp[i]-32;
}
void main( )
{
   char aa[80];
   printf("\nPlease enter a string:\n");
   gets(aa);
   printf("\nAfter changing, the string become:\n");
   fun(aa);
   printf("%s\n",aa);
}
```

键盘输入如下：

```
abc4EFg↙
```

2. 程序填空题

下列程序的功能是将从键盘输入的八进制数字字符串转换为一个十进制长整型数。规定输入的字符串最多只能包含 10 位八进制数字字符。例如，若输入字符串 7654321，则程序执行后的输出结果为

```
please enter a string (octal digits):7654321↙
the string 7654321 is converted to integer 2054353
```

请补充完整，并上机调试。

```
#include <stdio.h>
void main( )
{
  char s[10],*pstr;
  long n=0;
  printf("please enter a string (octal digits):");
  gets(s);
  ______________;
  while(______________)
  {
    n=n*8+______________;
    ______________;
```

```
    }
    printf("the string %s is converted to integer %ld\n",s,n);
}
```

3. 程序改错题

下列程序的功能是从 n 个学生的成绩中统计出低于平均分的学生人数，并由函数值返回，平均分存放在形参 mean 所指向的存储单元中。例如，若输入 8 名学生的成绩：

80 60 72 90 98 76 52 85

则低于平均分的学生人数为 4(平均分为 76.625)。请改正程序中的错误，使它能得出正确的结果。**注意**：不得增行或删行，也不得更改程序的结构。

```
#include <stdio.h>
int average(float *score,int n,float *mean)
{
    float ave,sum=0.0;
    int count=0,k,j;
    for(k=0;k<n;k++)
      sum+=*score[k];                                          /* error */
    ave=sum/n;
    for(j=0;j<n;j++)
      if(score[j]<ave) count++;
    *mean=&ave;                                                /* error */
    return count;
}
void main( )
{
    float score[30],aver;
    int m,k;
    printf("\nPlease enter number of students:");
    scanf("%d",&m);
    printf("\nPlease enter %d score: \n",m);
    for(k=0;k<m;k++) scanf("%f",*score+k);                     /* error */
    printf("\nThe result is: %d\n",average(score,m,aver));     /* error */
    printf("Average score=%f\n",aver);
}
```

4. 程序设计题

编写并调试函数，要求该函数完成以下功能：假定输入的字符串中只包含字母和*号，要求函数除了输入字符串中前导的*号之外，将串中其他*号全部删除。例如，若输入字符串中的内容为 ****A*BC*DEF**G*******，则调用该函数后，字符串中的内容应当是 ****ABCDEFG。

要求在编写函数时，不得使用C语言提供的字符串函数。

调试完成后，若要求将函数改变为以下功能，应如何处理：

(1) 使字符串中尾部的*号不得多于 n 个；若多于 n 个，则删除多余的*号；若少于或等于n个，则什么也不做，字符串中间和前面的*号不删除。例如，对于上述字符串，若n的值为4，则调用函数后字符串内容变为****A*BC*DEF**G****；若n的值为7，则字符串内容不变。

若要求字符串前导*号不得多于 n 个，如何处理？

(2) 将字符串中的前导*号全部移到字符串的尾部。例如，对上述字符串，调用函数后字符串内容变为 A*BC*DEF**G***********。

(3) 只删除字符号串前导和尾部的*号，串中字母之间的*号都不删除。例如，对上述字符串，调用函数后字符串内容变为 A*BC*DEF**G。

(4) 除了尾部的*号之外，将字符串中其他*号全部删除。例如，对上述字符串，调用函数后字符串内容变为 ABCDEFG*******。

(5) 删除字符串中所有的*号。例如，对上述字符串，调用函数后字符串内容变为ABCDEFG。

(6) 除了字符串前导和尾部的*号外，将串中其他*号全部删除。例如，对上述字符串，调用函数后字符串内容变为****ABCDEFG*******。

(7) 将字符串尾部的*号全部删除，前面和中间的*号不删除。例如，对于上述字符串，调用函数后字符串内容变为****A*BC*DEF**G。

(8) 将字符串中的前导*号全部删除。例如，对上述字符串，调用函数后内容变为A*BC*DEF**G*******。

(9) 若字符串中除了*号和字母外，还包含数字字符，将其中的数字字符提取出来，得到一个长整型数。例如，若字符串为***3*A1*4B2C*D7E2F**G98**6*****，则应得到长整型数 314272986。

(10) 若要求将*之间的数字字符提取出来，得到一系列整数。例如，对于(9)中的字符串，得到6个整数：3、1、42、72、98、6。

若进一步要求将其中的十六进制数提取出来，如何处理？例如，对于上述字符串，可得到6个十六进制数：3、A1、4B2C、D7E2F、98、6。

实验十　结　构　体

【目的要求】

(1) 掌握结构体类型的定义，掌握结构体变量的定义及使用方法。

(2) 掌握结构体数组的概念，能使用结构体数组解决简单问题。

(3) 掌握结构体指针作函数参数的方法。

【预习内容】

(1) 结构体类型的定义。

(2) 结构体变量的定义及引用。

(3) 结构体数组的定义与使用。

(4) 结构体指针作函数参数的方法。

【上机内容】

1. 程序验证题

阅读下列程序，分析程序的运行结果，并上机进行验证。

```
#include <stdio.h>
struct stru
{
   int x;
   char ch;
};
void func(struct stru *b)
{
   b->x=200;
   b->ch='y';
}
void main( )
{
   struct stru a={10,'x'},*p=&a;
   func(p);
   printf("%d,%c\n",a.x,a.ch);
}
```

2. 程序填空题

下列程序的功能是通过调用 fun 函数输出结构体数组最后一个元素的姓名成员，即程序执行后的输出结果是：Zhao。请补充完整，并上机调试。

```
#include <stdio.h>
struct stu
{
   int num;
   char name[10];
   int age;
};
void fun(struct stu *p)
{
   printf("%s\n",_____________.name);
}
void main( )
{
   _____________ students[3]={{1001,"Zhang",20},
                              {1002,"Wang",19},
                              {1003,"Zhao",18}};
   fun(students _____________);
}
```

3. 程序改错题

下列程序的目的是在 main 函数中给两个结构体变量 a、b 初始化后，希望通过调用 f 函数改变 b 的值，程序运行后要输出 2041、2042。请改正程序中的错误，使它能得出正确的结果。(提示：尽管结构体变量与数组一样都是数据的集合，但结构体变量表现形态是变量的形态，将一个结构体变量作为参数传给函数，在被调用函数中修改结构体成员的值，在调用函数中其修改是无效的)

```
#include <stdio.h>
struct stu
{
   char name[10];
   int num;
}
void f(struct stu c)
{
   struct stu b={"LiSiGuo",2042};
   c=b;
}
void main( )
{
   struct stu a={"YangSan",2041},b={"WangYin",2043};
```

```
    f(b);
    printf("%d %d\n",a.num,b.num);
}
```

4. 程序设计题

(1) 有 5 个学生，每个学生的数据包括学号、姓名、3 门课程的成绩。从键盘输入 5 个学生的数据，要求打印出 3 门课程的总平均成绩，以及最高分的学生的学号、姓名、3 门课程成绩、平均分数。

(2) 设有 3 人的姓名和年龄存在一个结构体数组中，要求输出 3 人中年龄居中者的姓名和年龄。

附录　C 语言上机指南

【在 Turbo C 3.0 集成开发环境下运行 C 程序】

1. 进入 Turbo C 3.0 集成开发环境

双击 Windows 桌面上的 TC 3.0 图标，或者利用 Windows 的“资源管理器”在机器的硬盘中找到存放 Turbo C 系统程序的文件夹，并在该文件夹中找到文件“TC.EXE”或 TC 3.0 快捷图标，双击它进入 Turbo C 的集成开发环境，如附图 1 所示。

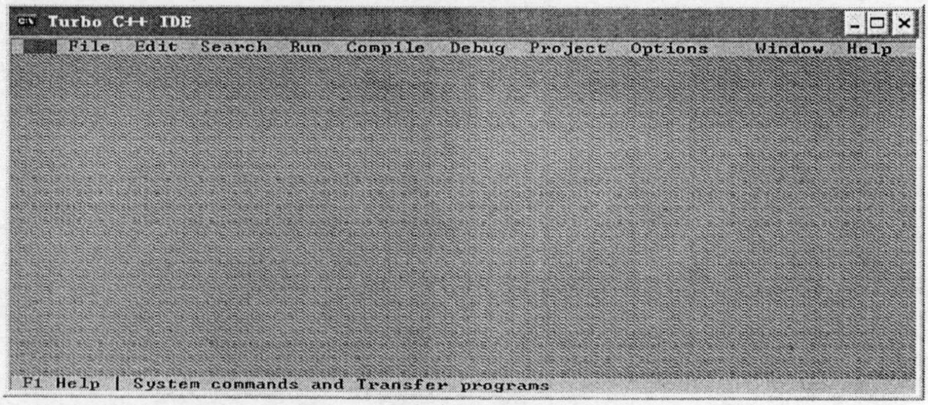

附图 1　Turbo C 3.0 集成开发环境

2. 设置 TC 工作环境

进入 TC 集成开发环境后，要调试、运行 C 程序，首先需要设置 TC 工作环境。

(1) 按 F10 键进入 TC 的主菜单，用左、右光标键选择“Options”菜单，用向下的光标键打开其下拉菜单，如附图 2 所示。

附图 2　Turbo C 3.0 设置工作环境(1)

(2) 选择菜单项“directories”，并按回车键，在弹出的对话框中“Include Directories”处输入 TC 系统头文件所在的文件夹，如：C:\TC\INCLUDE；在“Library Directories”处输入 TC 系统库文件所在的文件夹，如：C:\TC\LIB，如附图 3 所示。

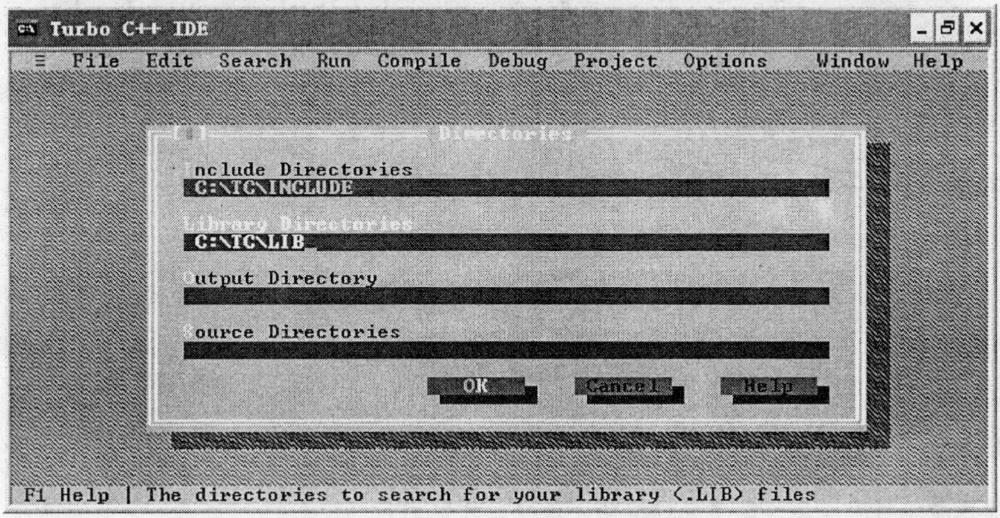

附图 3　Turbo C 3.0 设置工作环境(2)

设置完毕后，用 Tab 键选择“OK”按钮即可。

3. 创建一个新文件

设置工作环境后，即可以创建新文件。

(1) 按 F10 键进入 TC 的主菜单，用左、右光标键选择“File”菜单，用向下的光标键打开其下拉菜单，如附图 4 所示。

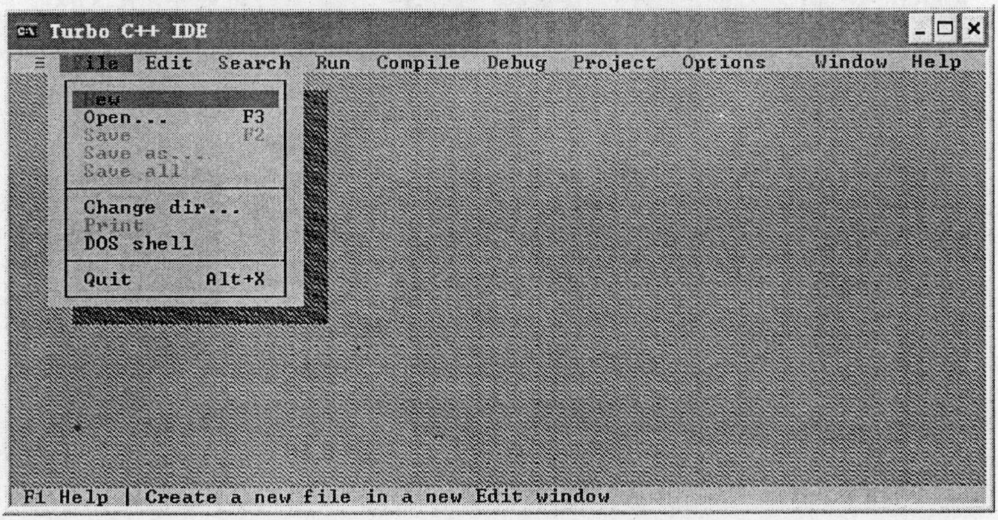

附图 4　在 TC 下创建一个新文件

(2) 选择菜单项“New”，并按回车键，即可进入文件编辑窗口，如附图 5 所示。

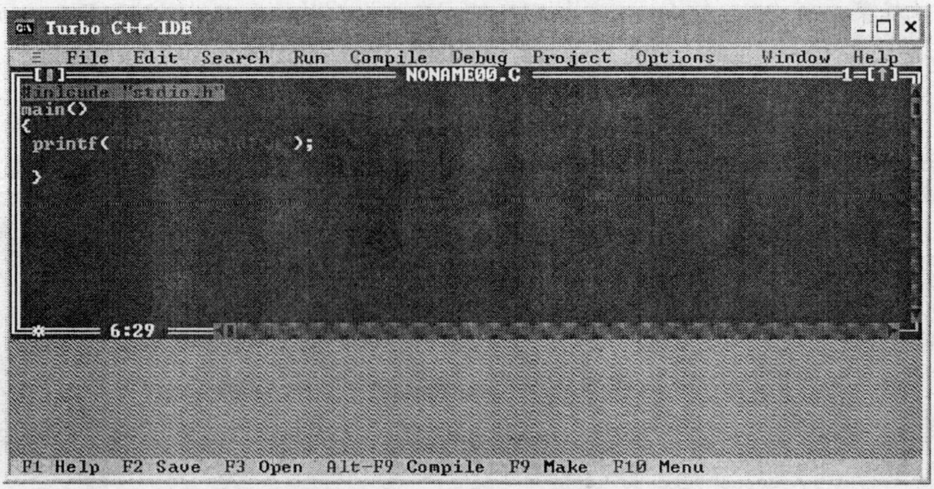

附图 5　在 TC 下编辑源程序文件

4. 编译、连接和运行程序

源程序编辑完成后，需要经过编译、连接，才能运行。

1) 保存源程序

程序编好以后，首先要将程序存盘，以避免出现因程序有错而死机后，整个程序必须重新输入的麻烦。操作方法如下：

按 F10 键进入 TC 的主菜单，用左、右光标键选择“File”菜单，用向下的光标键打开其下拉菜单，并选择菜单项“Save”或“Save as …”，弹出“Save File As …”对话框，如附图 6 所示。

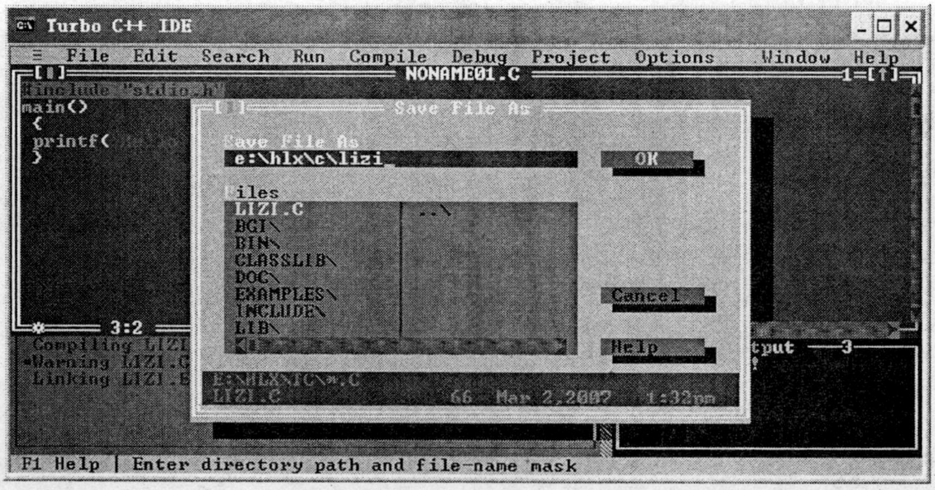

附图 6　将源程序存入磁盘文件

在“Save File As”处输入源文件名(如 e:\hlx\c\lizi)，然后用 Tab 键选择“OK”按钮，并按回车键返回编辑窗口。

2) 编译程序

按 F10 键进入 TC 的主菜单，用左、右光标键选择“Compile”菜单，用向下的光标键打开其下拉菜单，并选择菜单项“Compile”，如附图 7 所示。

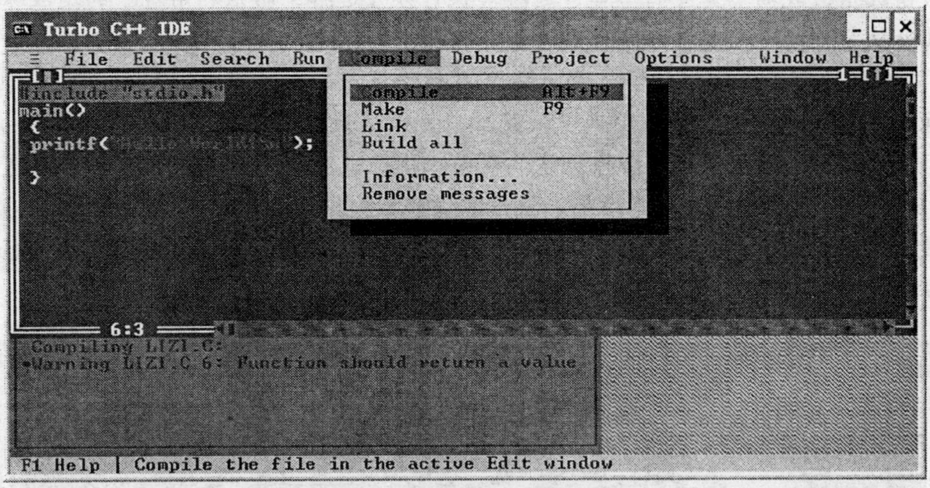

附图 7　编译源程序文件

编译过程除将源程序文件翻译成目标文件外，还检查源程序中的语法错误。语法错误分为两种类型：一种是“Error”型(称为致命性错误)，这种错误必须排除；另一种是“Warning”型(称为警告性错误)，这种错误有时不影响程序的正确执行。附图 7 中有一个警告性错误：函数应该返回一个值。这是因为在 TC 3.0 中，在 main( )函数之前也要求加上函数返回值类型。因此，只要在 main( )的前面加上 void(空类型或无类型)即可排除上述警告错误。

3) 连接程序

按 F10 键进入 TC 的主菜单，用左、右光标键选择“Compile”菜单，用向下的光标键打开其下拉菜单，并选择菜单项“Link”，如附图 8 所示。

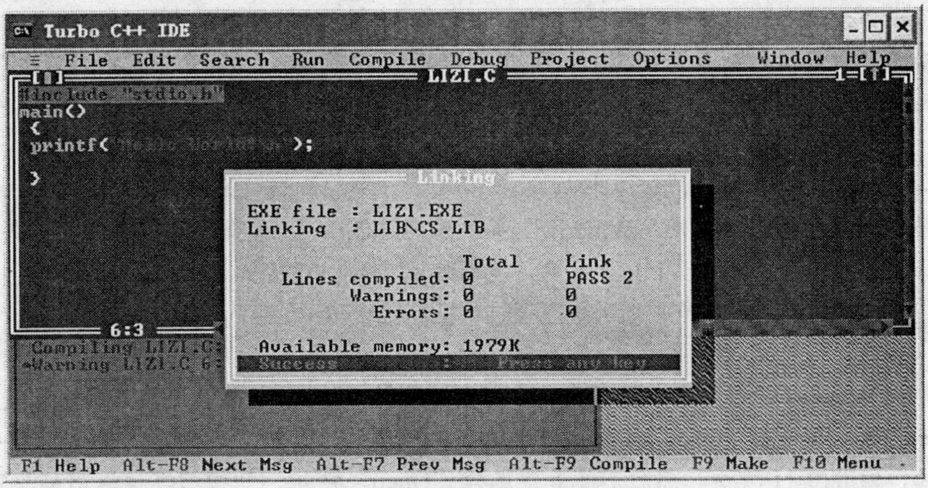

附图 8　连接程序并生成可执行文件

连接以后生成一个可执行程序文件“LIZI.EXE”，该文件可以在退出 TC 系统以后直接在操作系统下运行。

4) 执行程序

一般情况下，我们不需要将编译、连接和执行分开进行，而是利用 TC 的集成环境将编译、连接和执行作为一个整体一起进行，直到得出运行结果。具体操作方法如下：

(1) 在确保没有编译错误的情况下，按 F10 键进入 TC 的主菜单，用左、右光标键选择“Run”菜单，用向下的光标键打开其下拉菜单，并选择菜单项“Run”。

(2) 如果程序中没有输入数据的操作，程序的执行过程将非常快。但我们可以通过查看 TC 的输出窗口来查看程序的运行结果。操作方法如下：按 F10 键进入 TC 的主菜单，用左、右光标键选择“Window”菜单，用向下的光标键打开其下拉菜单，并选择菜单项“Output”，如附图 9 所示。

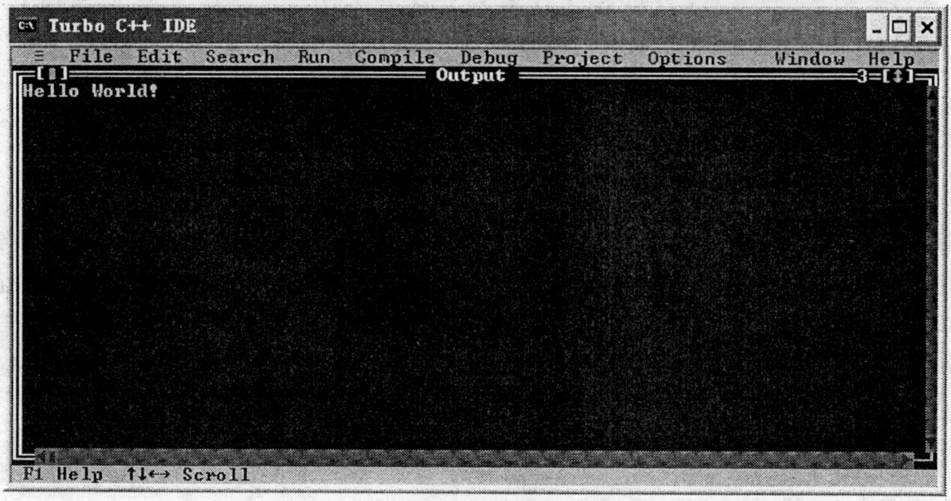

附图 9　TC 的程序运行结果输出窗口

查看了程序的运行结果以后，可以按 F6 键返回程序编辑窗口。

为了操作方便，可以在 TC 的“Window”菜单中打开 3 个常用的窗口，即程序窗口、编译信息输出窗口和运行结果输出窗口。并用菜单项“Tile”将这 3 个窗口并列排在屏幕上，使用时只需用 F6 键在这三者之间切换即可，如附图 10 所示。

5) 关闭程序窗口

程序运行程序结束后，用“Window”菜单中的“Close”选项关闭程序窗口。若要编辑新的源程序，可以再次打开“File”菜单，重新建立文件，步骤如上所述。

5. 打开已建立的文件

按 F10 键进入 TC 的主菜单，用左、右光标键选择“File”菜单，用向下的光标键打开其下拉菜单，选择菜单项“Open”，并按回车键，在弹出的对话框中“Name”处输入要打开文件的路径，如附图 11 所示。然后用 Tab 键选择“Open”按钮，并按回车键返回编辑窗口。

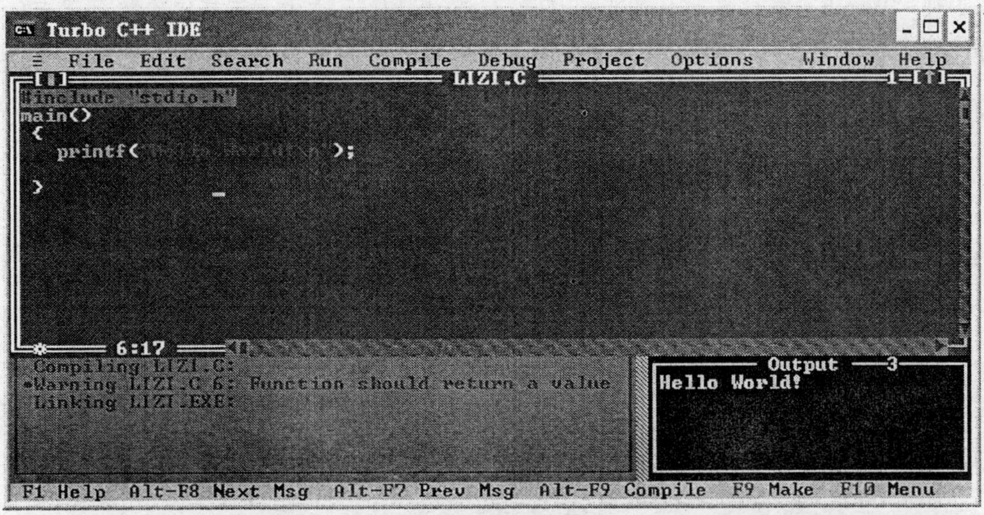

附图 10　TC 的 3 个常用窗口

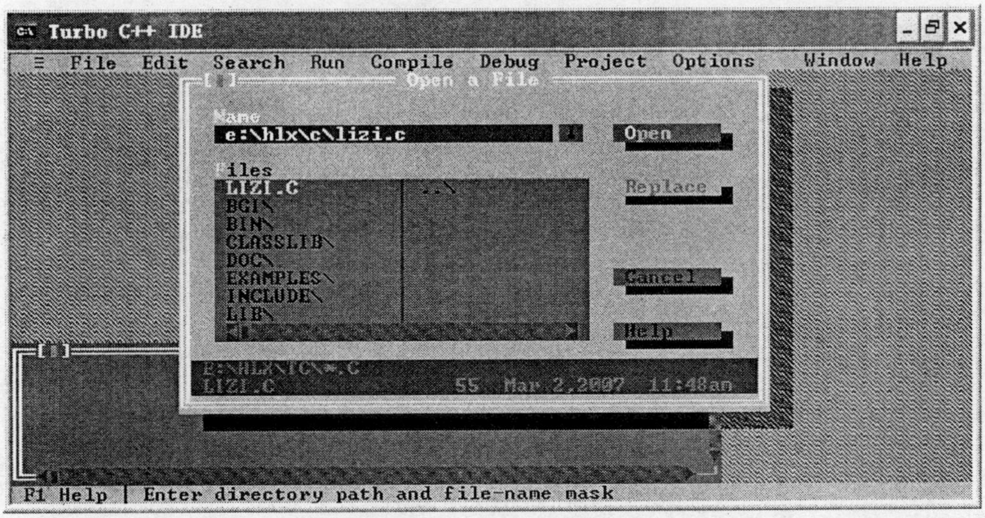

附图 11　打开文件窗口

6. 动态调试程序

程序编译和连接没有错误，运行后却得不到正确结果，这个时候可以使用 TC 中的按步执行方法。这种方法的特点是程序一次执行一行，每执行一行后，就停下来，用户可以检查这时各有关变量和表达式的值，以便帮助发现问题所在，具体操作如下：

按 F7 键，可以看到在编辑窗口中的源程序中的主函数 main( )处用高亮度显示，表示准备进入 main 函数如附图 12 所示。再按 F7 键，亮条移到程序的第 5 行(第 3 和 4 行是对变量的定义，不是执行语句，所以被跳过)，如附图 13 所示。此时表示已经进入 main 函数，但并未执行第 5 行，只是表明下一步要执行此行。再按 F7 键，亮条移到第 6 行，表示第 5 行已经执行完。此时可以检查一下变量的值是否正确。按 Ctrl+F7，弹出“ADD WATCH”数据输入框，可在此输入想要查看变量 x 的值，如附图 14 所示。再按“OK”键后，该输入框消失，在屏幕下部“Watch”窗口显示 x 的当前值是 3，如附图 15 所示。这样依次执行下去，如果程序有问题，就可以通过 Watch 窗口查看各变量的值，从而查出问题的所在。

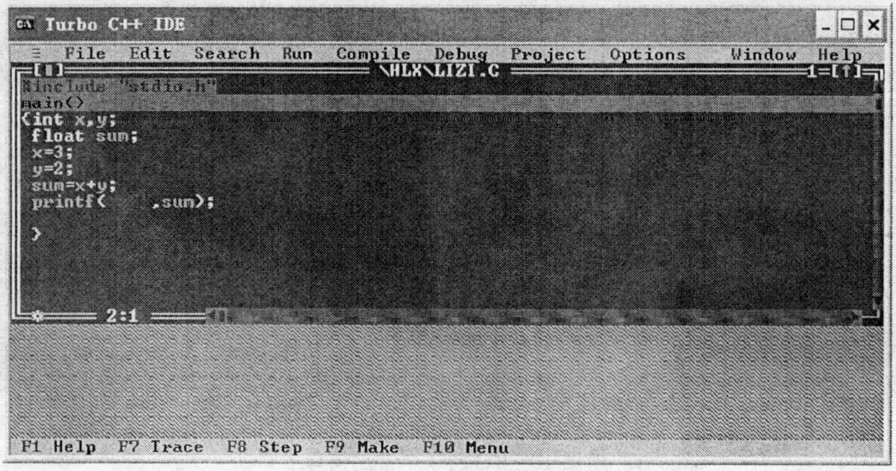

附图 12　开始调试

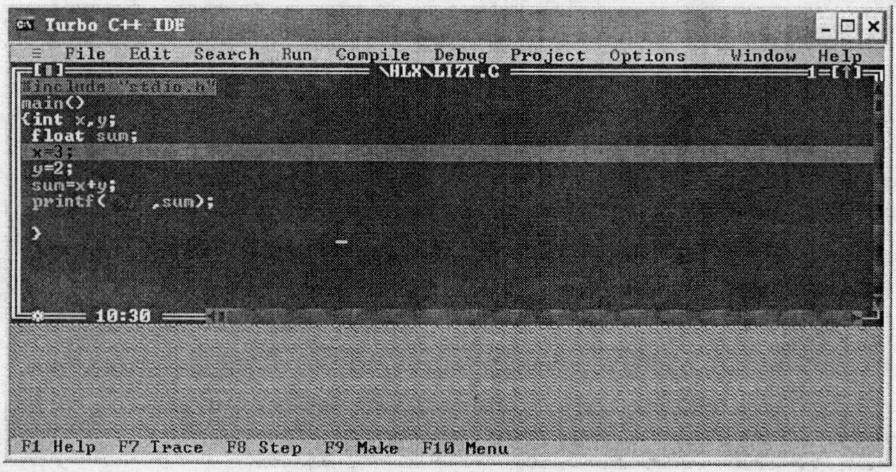

附图 13　进入主函数

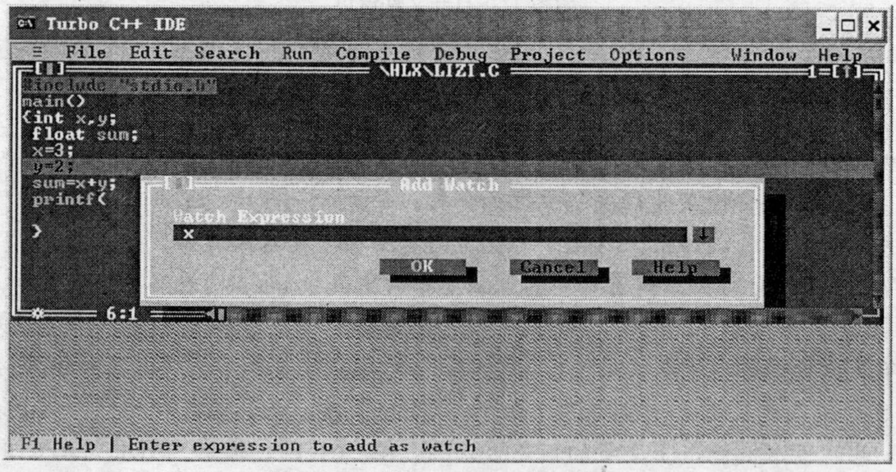

附图 14　弹出 ADD WATCH 窗口

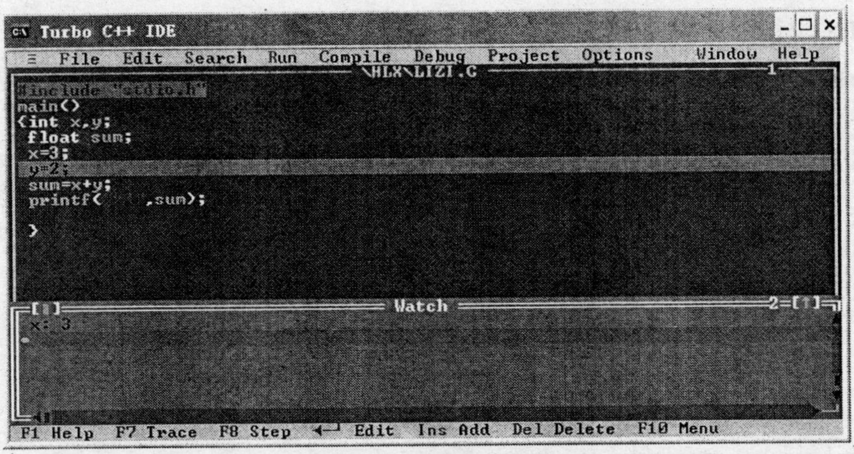

附图 15　查看变量的值

补充说明：在 TC 中对文本的编辑操作(如剪切、复制、粘贴等)在菜单项“Edit”中，具体步骤是先选择所要操作的文本(按 shift+上、下、左、右键选择文本)，然后选择相应的操作。

【在 Visual C++ 6.0 集成开发环境下运行 C 程序】

1. 建立个人文件夹

第一次上机时，首先在某个盘(如 D 盘)上建立一个文件夹，本例创建的文件夹为：vc031_01。创建文件夹时应注意见名知意，如计算机 032 班的 18 号同学可以用 jsj032_18 作为自己的文件夹的名字，以便以后每次上机时使用。当老师在帮你排查错误时，有了见名知意的文件夹名也可以快速地找到你的程序。

2. 进入 Visual C++ 6.0 集成开发环境

双击 Windows 桌面上的 Visual C++ 6.0 图标或单击 Windows 桌面上“开始”按钮，在“程序”中选择“Visual C++ 6.0”运行即可。

启动 Visual C++ 6.0 程序以后，出现“Microsoft Visual C++”窗口，该窗口的菜单条有 9 个菜单项，如附图 16 所示。

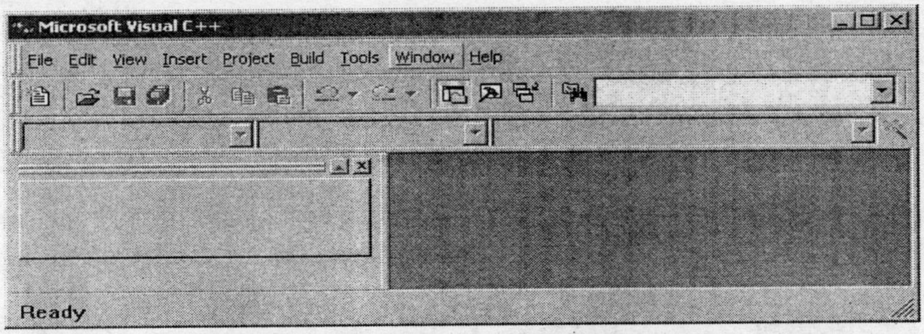

附图 16　Microsoft Visual C++ 6.0 集成开发系统

3. 创建一个新文件

(1) 单击“File”菜单，在其下拉菜单中选择“New”，弹出“New”对话框，在该对话框中选择“Files”标签，出现“Files”选项卡，如附图17所示。

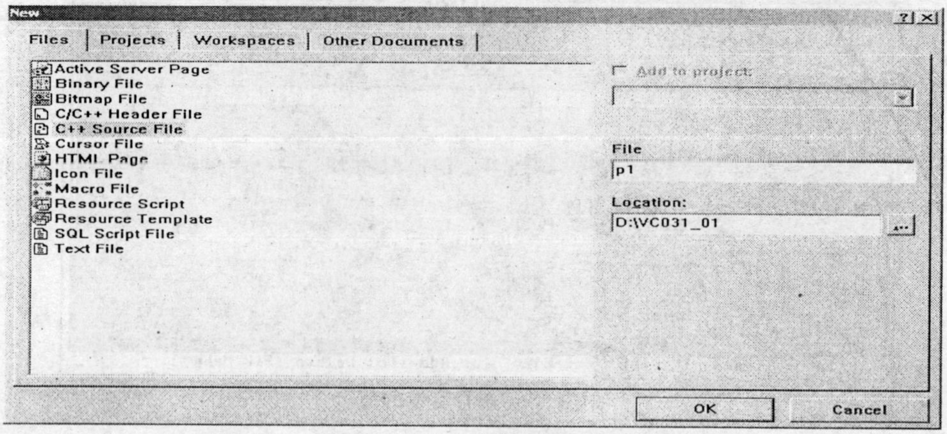

附图17　在VC中指定文件类型及文件保存的位置

在列表中选择“C++ Source File”，并在“File”框内输入源文件名(如p1)，然后在“Location:”框中输入文件存放处的路径名(如D:\VC031_01)。也可以单击位于“Location:”框右边的“…”按钮，在弹出的对话框中选择相应的文件夹，如附图18所示。单击“OK”按钮，返回“Files”选项卡。

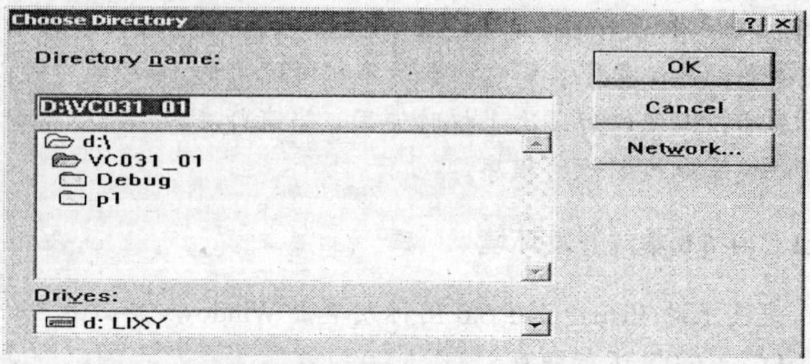

附图18　在VC中用对话框来指定文件保存的位置

单击“Files”选项卡的“OK”按钮出现编辑屏幕，即可编辑程序，如附图19所示。

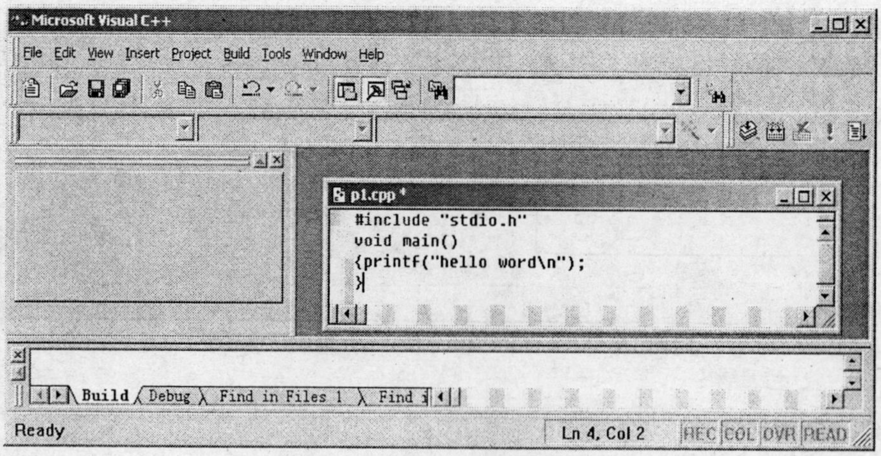

附图19　在VC中编辑源程序

4. 编译、连接和运行程序

程序编好后要进行编译、连接和运行，步骤如下：

(1) 选择“Build”菜单，单击下拉菜单中的“Compile p1.cpp”，这时系统开始对当前的源程序进行编译。在编译过程中，将所发现的错误显示在屏幕下方的“Build”窗口中。根据错误提示，修改程序后再重新编译，如还有错误，再继续修改、编译，直到没有错误为止。

(2) 编译无误后进行连接，这时选择“Build”菜单中的“Build p1.exe”选项。同样，对出现的错误要进行修改，直到编译、连接无错为止。这时，在“Build”窗口中会显示信息：“1st.obj- 0 error(s), 0 warning(s)”，说明编译、连接成功，并生成以源文件名为名字的可执行文件(p1.exe)。

注意：在 VC 下运行标准 C 的源程序时，一定要在源程序的第 1 行加入一条命令，即“#include "stdio.h"”，否则程序在编译时会有错误。同时，在主函数的 main 之前也加入另一个关键字 void，如附图 20 所示。

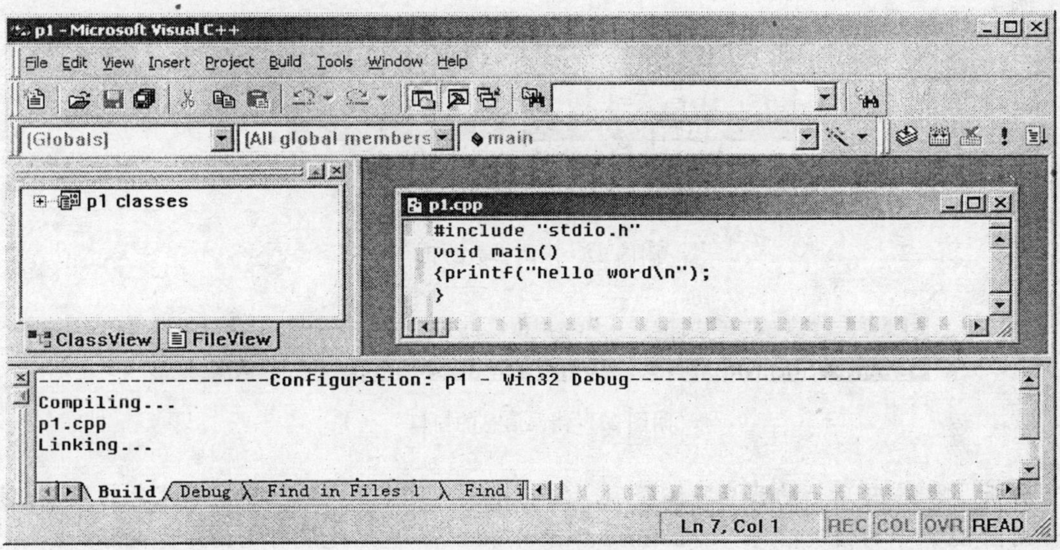

附图 20　在 VC 中编译源程序

(3) 运行程序。选择“Build”菜单中的“! Execute 1st.exe”选项，弹出“MS-DOS”窗口，输出结果显示在该窗口中，如附图 21 所示。

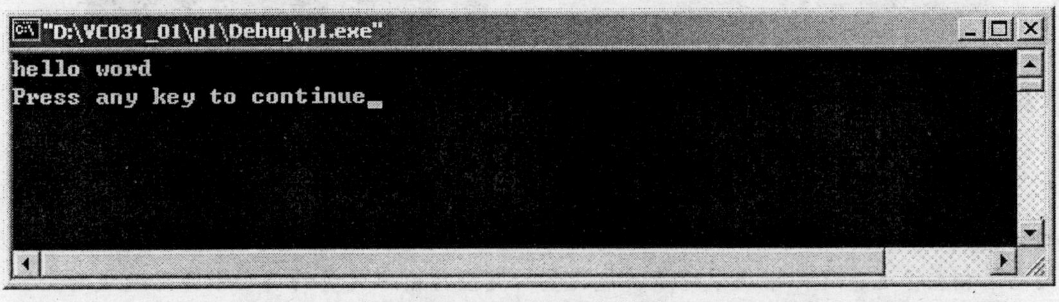

附图 21　程序的运行结果

注意：VC 下的基本整型(int)的数据为 32 位二进制数，与 TC 下的长整型(long int)数据的宽度及取值范围相同。

(4) 运行结束后，可以回到“File”菜单，点击“Close Workspace”选项，关闭当前文件窗口。若要编辑新的源程序，可以再次打开“File”菜单，重新建立文件，步骤如上所述；也可以点击“File”菜单中的“Open Workspace”选项，打开一个已经存在的源文件。

【C 程序常见错误】

C 程序中常出现以下几种类型的错误：

(1) 语法错误。即不符合 C 语言的语法规定，如：括号不匹配、语句最后漏了分号等，这些都会在编译时被发现并指出，如果不改正是不能通过编译的。

(2) 逻辑错误。程序无语法错误，也能正常运行，但是结果不对。

(3) 运行错误。有时程序既无语法错误，又无逻辑错误，但程序不能正常运行或结果不对。多数情况是数据不对，包括数据本身不合适以及数据类型不匹配。

下面就这几类错误举例进行说明：

例 1

```
#include "stdio.h"
main()
{ int x=1,y=2;
  sum=x+y;
  printf("sum=%d",sum);
}
```

附图 22　求两个数的和

```
=[■]================= Message =================3=[↑]=
 Compiling NONAME03.C:
•Error NONAME03.C 4: Undefined symbol 'sum'
```

附图 23 ·错误信息的窗口

分析　附图 22 所示的程序段编译后，在 sum=x+y;这个语句上出现一条黑色的线条，并显示附图 23 所示的错误信息“Undefined symbol 'sum'”，意思是没有定义变量 sum。

解决　对 sum 变量进行定义：

```
int sum;    或    int x=1,y=2,sum;
```

例 2

```
#include "stdio.h"
main()
{int x=1;
 float y=3.14;
 printf("x=%f,y=%d",x,y);
}
```

附图 24　程序段

```
============ Output ====1====
x=0.000000,y=16393
```

附图 25　运行的结果

分析　附图 23 所示程序段编译后，未显示任何语法错误，但是执行的结果(附图 25)与原始的结果相差很远，这种错误很隐蔽，是变量的类型与输出变量的类型不匹配造成的。

解决　将最后一条语句改为

```
printf("x=%d, y=%f",x,y);
```

例 3

```
#include "stdio.h"
main()
{
int x,y,sum;
scanf("%d%d",x,y);
sum=x+y;
printf("sum=%d",sum);
}
```

附图 26　求任意两个数的和

```
Output 1
3 4
sum=464Null pointer assig
```

附图 27　运行的结果

分析　附图 26 中显示的程序段编译未发现错误，但是附图 27 所示的运行结果明显是错误的。这个问题出现在输入函数 scanf 中，初学者经常把它和输出函数 printf 的用法弄混，错误显示是：输入变量忘记用地址符。

解决　将输入函数调用语句改为

```
scanf("%d%d",&x,&y);
```

例 4

```
#include "stdio.h"
main()
{
int x,y,sum;
scanf("%d%d",&x,&y);
sum=x+y
printf("sum=%d",sum);
}
```

附图 28　程序段

```
[■] Message 3=[↑]
Compiling NONAME03.C:
•Error NONAME03.C 7: Statement missing ;
```

附图 29　错误信息窗口

分析　附图 28 所示程序段编译后，在程序段中出现一条黑色的线条，并显示附图 29 所示的错误信息“Statement missing;”，意思是语句后漏了分号。

解决　在语句 sum=x+y 后加上分号：sum=x+y;。

例 5

```
#include "stdio.h"
main()
{
int x=3,y=4,t;
if(x>y);
{t=x;x=y;y=t;}
printf("%d %d",x,y);
}
```

附图 30　排序(从小到大)

```
Output 1
4 3
```

附图 31　运行的结果

分析　附图 30 所示的程序是将两个数据从小到大输出，但是附图 31 所示运行的结果正好相反，其错误主要是在不该加分号的地方多加了分号。

解决　将 if(x>y);中的分号去掉。

例 6

```
#include "stdio.h"
main()
{
int n=1,sum=0;
while(n<=100)
{sum=sum+n;
n++;
}
```

附图 32　求 1~100 的和

```
=[■]============ Message ============3=[↑]=
 Compiling NONAME03.C:
•Error NONAME03.C 8: Compound statement missing }
```

附图 33　错误信息窗口

分析　附图 32 所示的程序编译后，在最后一句出现了一条黑色的线条，并在附图 33 中显示出错误信息“Compound statement missing }”，表示缺少“}”。在编写程序的时候一定要注意括弧(大括弧和小括弧)的匹配。

解决　在最后一条语句后加上“}”。

例 7

```
#include "stdio.h"
main()
{
int n=5,a[n],i;
for(i=0;i<n;i++)
{scanf("%d",&a[i]);
printf("%d",a[i]);
}
}
```

附图 34　一维数组的输入输出

```
=[■]============ Message ============3=[↑]=
 Compiling NONAME03.C:
•Error NONAME03.C 4: Constant expression required
```

附图 35　错误信息窗口

分析　附图 34 中的程序段编译后，在定义变量一行出现了黑色线条，并在附图 35 中显示错误信息“Constant expression required”，表示为要求的是常量表达式。对于一维数组的定义,定义的数组长度必须是常量表达式，不能是变量。

解决　直接对数组 a 定义为 : int a[5];,或者在程序前加上#define N 5,再定义数组 int a[N]。**注意**：C 语言区分大小写。

例 8

```
#include "stdio.h"
main()
{
float a=3,b=5;
printf("max=%f",max(a,b));
}

float max(float x,float y)
{
 return(x>y?x:y);
 }
```

附图 36　求最大值

```
=[■]================== Message ===================3=[↑]=
•Error NONAME03.C 9: Type mismatch in redeclaration of 'max'
```

附图 37　错误信息窗口

分析　附图 36 中的程序段编译后，在定义最大值函数中出现了问题，在附图 37 中显示了错误信息“Type mismatch in redeclaration of 'max'”，意思是调用的函数类型与所定义的类型不匹配，实际上是没有对函数进行声明。所调用的函数在调用语句之后定义，如果该函数的类型不是 int 或 char 型，就必须在调用前进行声明。

解决　在 main( )函数中增加对 max 函数的声明，如在定义变量后加上：

```
float max(float x,float y);
```

或

```
float max(float,float);
```

例 9

```
#include "stdio.h"
main()
{char a[20],*p;
 scanf("%s",p);
 p=a;
 puts(p);
}
```

附图 38　指针与字符串

```
─────────── Output ───1──────────
Hello World
┌ÿ╙ç╥8á2N◆H◆
```

附图 39　运行的结果

分析　附图 38 中的程序段功能是将指针变量 p 指向字符串 a，并输出字符串，运行是输入字符串“Hello World”，但输出的确是乱码(附图 39)，问题出在对于指针变量，引用它之前必须先对它赋确定的值。

解决　将 p=a;语句放在输入函数之前。

例 10

```
#include "stdio.h"
#include "stdlib.h"
main()
{FILE *fp;
 clrscr();
if((fp=fopen("d:\\score.txt","r"))==NULL)
{ printf("cannot open the file d:\\score.txt\n");
 exit(0);
 }
}
```

附图 40　打开文件程序段

```
=[■]========= Output ==========1=[↑]=
cannot open the file d:\score.txt
_
```

附图 41　运行结果

分析　附图 40 中的程序段没有任何错误，运行后的结果(附图 41)显示为不能打开文件 score.txt，这是文件这章经常出现的问题，表示在“d:\”中根本不存在 score.txt 文件。

解决　在“d:\”中按要求建立 score.txt 文件。